心靈勵志 51

神性的你——跟隨你的心，活出豐盛的自己

The Sacred You：Being Aboundence of Self、

蔡欣唐 著

博客思出版社

【作者序】幸福的定義是：跟隨你的心，活出豐盛的自己

這是一本能夠幫助每個人進入新地球時代，成功引領個人走入內心，從心活出豐盛與自由之書。書中智慧將徹底顛覆人類過去對成功之定義。對於成功定義，將不再是透過無止盡競爭與紛爭，而是尋求走入自己的內心，看見價值。

二〇二〇年之際，地球進入巨大轉變時期，人類整體生活也跟著受到影響。不只地球本身加速轉化，人類集體意識也在跟著轉化；包括金融、政治、商業、乃至於個人心靈層面，都將發生一場全面進化，並敦促每個人，踏上自我覺醒的道路，亦即：人類將開始意識到自己真正是誰，並且重新創造自己與地球的關係。

「覺醒」並不意謂著去成為什麼，相反地，「覺醒」是指憶起了什麼。人類最偉大的成長是意識成長，然而這個成長卻剛剛好和我們所想的顛倒。這個成長不是要去成為什麼，反而是提醒自己，我們真正是「誰」。

藉由書中小我心靈與高我心靈的意識對話，一步步把「宇宙法則、意識創造、心的存在、乃至最終覺醒」帶給讀者。希望藉由一個引頭，引導讀者返還自心道路。

新地球時代對於幸福的定義將是：「跟隨你的心，活出豐盛的你自己」。

謹以此書，獻給每一位神性的你，平安、幸福、快樂。

目錄

第一章　成功的秘訣

永遠看向成功，不要看向失敗

我直接開門見山，把成功與幸福的秘訣寫給你，希望你能受用無窮。這個祕訣就是：永遠看向成功，不要看向失敗。

就這麼簡單？

是的，就是這麼簡單。你想把書放回架上去了嗎？等等，關於這個簡單祕密背後，我還有一大驚人的秘密，要輸入你的意識裡。因為，如果沒有後續那些驚人的秘密輸進你的意識，你這部超級意識，就無法真正地「醒過來」為你做事。所以，耐著性子，繼續讀下去吧！

你知道嗎？如果你想要練出好身材，你會怎麼做？持續練習核心肌群對吧？

沒錯，就是持續增加訓練。

同樣的道理，我要你學會用自己的意識創造，就是等同於你練出好身材的道理：持續閱讀，持續擴展你的信念，直到你打從心底發出喜悅時，你就知道我的用意了。

或著，也可以這樣說：學游泳，很簡單吧！你只要會踢水、划水、漂浮，就會游泳了。但是，相信我，如果我不在旁邊扶著你，當你起步時一定會經驗到「溺水」。而且是當我的手放掉時，馬上溺水。

為什麼？

因為「溺水」是你接觸水的第一個經驗！就像你剛剛誕生到這個世界上來，在你還是剛出生的嬰兒時，你第一個體驗的是「分離」，你體驗到自己與安全分離，與母親分離，與一切萬有分離，於是恐懼成了你第一個體驗，也是日後影響你最深的體驗。

但這只是「幻覺」。即便是溺水也是，因為你不知道水中還有一股你看不見的浮力能夠將你浮起。生命中也有一股你看不見的浮力，能夠將你浮起，這股浮力就是遍及一切萬有「生命能量」，祂遍及一切花草樹木，一切星辰宇宙，當然也在你之內。

如果你不知道自己可以「漂浮」起來，如果你不知道水中有「浮力」可以將你撐起來，那麼你就會一直沉浸在「溺水」幻覺裡面，然後「溺水」成了你的惡夢。

可是，情況不必如此，永遠不必如此。你，永遠有選擇的機會。亦即：當你體驗到一個你不想要的經驗時，在那個當下，你永遠能夠重新做出選擇，這個選擇就是去選擇另一個你想要的。把你的眼睛再次看向你想要的，然後閉上眼睛去感受你想要的，想像你想要的「已然」實現了，「它」現在就在你的「口袋」裡了。

是的，這就是你做出選擇的力量。就在你體驗到一個你不想要的經驗時，你永遠能夠做出另一個你想要的選擇。而你做出選擇的方式，就是在心裡做出一個明確的「宣告」，宣告你真正想要的是什麼。然後，抱以「全然的信念」去重新經驗。

任何會游泳的人，一定都經驗過「溺水」，但是後來都會游泳了。「溺水」經驗，幫助他們能夠熟悉游泳的動作，現在，他們每個人都會游泳了，而且，他們很享受自己的姿勢。

在這本書裡，我會告訴你如何「游泳」，但是我真正的用意，是把心法傳承給你，使你順暢度過這段轉化時期。

泳姿，每本書都會教，但是要讓你真正敢下水游泳，體驗泳技，我就必須在旁邊為你打氣，直到你熟練了所有的心法，勇敢把頭抬出水面。到那個時候，你就會明白，水面上的天空究竟有多遼闊。是的，當你勇於把頭抬出水面，看看水面上那片蔚藍的天空，你就能夠想像，你有多麼的無限可能，充滿喜悅與自在盡情翱翔！

關於成功的秘訣，其它類似的說法是：

永遠看向有，不要看向無；永遠看向光，不要看向黑暗；永遠看向冷靜，不要看向恐慌；永遠保持內在，不要哀求外在；永遠先「是」，不要嘆現在沒有。永遠抬頭挺胸看向天空，不要把臉朝下看著水底。

記住：你的目光就是你的「道路」，你看向哪裡，哪裡就是你的「真實」。

❊ 小小叮嚀：如何快速轉換你的思維

「正面思維」是一種選擇去看見完美的創造方式。亦即無論發生什麼，都以正向角度來看待事情。由於選擇以正向角度來理解事情，某件事情本身的存在方式也因此被轉為正面的存在。由此，一個人會更加安然處在當下，安適當下。此刻的能量狀態就會處在一個平安狀態，而平安將帶來更多平安。

「正面思維」是知道：一切都很好，一切都沒有問題。「即使在這件事情上，我仍能看到平安」。

為了讓思維可以輕易轉向「正面思維」，你可以聽一些讓自己快樂的，或感覺振奮的音樂。因為，音樂是一種「能量振動」，優質音樂會提升你的能量振動，讓你在傾刻間振奮起來。整個宇宙都是振動，與其用形象來描述宇宙，事實上宇宙更接近：音樂。

為自己收藏一些優質冥想音樂，它是你最棒的魔法工具。

第二章　掌握秩序：貨架前的經理人

樂觀看向滿的那一半，你會體驗到更多且相同的境遇

現在，想像你是一位零售商經理人，你站在一列列成排的貨架前，你發現每一個貨架上的商品，全都井然有序地被擺在那兒，每堆商品，自成一類，每類商品，自成一格。你認為那些商品為什麼要被「分門別類」地擺放著？

嗯，因為方便查找啊！這不是一般的常識嗎？

如果你只想買東西，那麼你只會看到貨架上的商品。但是，如果你想尋找成功之道，那麼，你就得用心留意更深的東西。

什麼東西？

秩序。

秩序？

是的。就是「秩序」。

記住，當你踏入一個新的地盤時，永遠先搞清楚這個地盤的秩序，也就是你常

說的：潛規則。千萬別不小心踩線了！

這一課，我要與你分享的就是「秩序」，只不過不是賣場的秩序，而是宇宙的「秩序」。

在宇宙這個大賣場裡，雖然你沒有踩線疑慮，但是你的每一個行為，都會導致一個相對應的結果。如果未加留心，其隨之而來的體驗，可能與「踩線」沒有兩樣。了解「秩序」對你而言，非常重要。這些秩序，雖然無聲無息，卻是在你生活周遭運轉，一刻也未曾停止。

OK~OK我知道了，你快說吧，關於宇宙的秩序是什麼？

好，我們再回到貨架上的「秩序」。我要你觀察的不僅是貨架上的秩序，還包括宇宙中的秩序，因為宇宙的秩序，和這貨架上的秩序，非常雷同，簡直如出一轍。

如出一轍？

你認為為什麼會有「分門別類」的想法？

嗯，那不是每個有腦袋的人，都會想到的嗎？

嗯，你這麼說也對。但是，為什麼這個方法會被「自然而然」想出來？畢竟，它不是專屬於某個人的發明或是智慧，而是當每一個人用心整理東西時，都會想到的「共通智慧」。所以看起來似乎「自然而然」地被想出來。

我會說，這就是心智的運作模式吧，

的確，心智，是個了不起的工具，它擅長分門別類，它擅長貼標真偽，它擅長歸納秩序，但是為什麼？為什麼心智要這麼做？

我不知道，我只知道這麼做，會讓我感覺比較有條理，會讓我感覺比較舒服，會讓我感覺比較能夠掌握，嗯……你知道的，就是當所有的東西，都恰如其分擺在位置上時，那會讓我更能掌握目前環境！

很好！你說出答案了：

分類，讓你易於管理。管理，讓你易於掌控。掌控，讓你感到和諧。和諧，讓你感到自在。為此，你創造了一套秩序，來協助你掌握自己的人生，這就是「生命」的真諦。

和諧，是生命首要條件，如果你要維持你的生命，你就必須維持和諧。而為了維持和諧，你需要一套縝密的秩序，來幫助你運作和諧。

賣場如此，你也如此，宇宙也是如此。賣場、你、宇宙，為了維持生存，它必然需要一套縝密秩序來運作。為此，生活中的一切才有規可循，有規可循，生命才能逐漸壯大。

如果你想成為賣場經理人，你必然得先清楚物品擺放的秩序；如果你想進階人生勝利組，你必然得先掌握宇宙的秩序。那會讓你走得比較安穩、走得比較牢靠、走得比較踏實。如同你想要參加一場遊戲，在想要穩贏不輸的情況下，你必得先掌握遊戲規則。

記住，生命永遠都在追求和諧：和諧的伴侶、和諧的工作、和諧的事業、和諧的生活。而和諧的背後，也永遠都有一套精密的秩序，協助運作。這是生命的「本能」，也是你在盤點貨價商品時，會「自然而然」地成為你的思維模式。

嗯，你是說：「物以類聚嗎」？

是的！正是「物以類聚」。

「物以類聚」是表象的闡述，真正重要的是背後的「秩序」。在宇宙之中，又稱作「法則」。如果你要成功，並且永保安康，你就必須掌握「法則」。這是前提之中的前提，這是關鍵之中的關鍵，這是冠軍腰帶的先決門票。

而宇宙之中最偉大的法則，就是「吸引力法則」，它是：同頻共振，同質相吸。當你「是」某個狀態的時候，你必然會吸引「同類」事物前來。因為你的每個念頭都是一股能量，當這些念頭串聯起來的時候，就會形成強大的能量。於是：

如果你在生活中，經常想著匱乏的時候，你必然會經歷匱乏。如果你在生活中，經常擔心失業的時候，你必然會經歷失業。如果你在生活中，持續關注疾病時，你必然會經歷疾病。

這和你是不是好人沒有關係，這和你的念頭，比較有關係。這和你所學的專業沒有關係，這和你的情緒，比較有關係。你的念頭，是宇宙中的能量種子，種子一旦發動，就會持續吸引更多種子，當大量種子串聯顯現時，就是你將體驗到的「事件」。

生命，是一個持續「發生」的過程，也許在當下，你不會立刻經驗所想之事，但是只要你持續保持念頭，你必定會體驗到同等事物。而且，當它顯現時，它所帶給你的份量，絕對超乎你的想像。你想要來一份大麥克漢堡嗎？那麼，當你持續想像大麥克漢堡，最後你會得到的，將是「超值全餐」！

有一個「半桶水」的寓意非常棒：

一個裝了半滿水的桶子，你是看向空的那一半？還是看向滿的那一半？

你看事物的「視角」，將影響你接下來的境遇。當你總是悲觀地看向空的那一半，你就會體驗到相同且更多的境遇。當你總是樂觀地看向滿的那一半，你就會體驗到相同且更多的境遇。

這一切跟外在境遇無關，也不是桶子本身的問題，你的「念頭」才是關鍵。如果你經常懷憂喪志，你就會一直經驗懷憂喪志。如果你經常往好事去想，你就會經驗好運來敲門。

宇宙就是這樣把你的念頭「分門別類」，送來你日有所思、夜有所夢的東西。於是，如果你想要成功，你要用永遠往好的方面去想，因為你的思維創造你的境遇，你知道嗎？這個宇宙裡，關於你的人生的種種版本，其實有成千上萬個，你去算命也算不準，不是老師算不準，即使老師再神準，也只能「看見」你的其中一個版本。而你未來的每一個版本，都是你此刻念頭的最終顯化。

於是，當你此刻的念頭改變了，當你對某件「罣礙」的事情轉念了。你的未來版本，也就改變了。

換句話說：如果你能夠用心觀察自己的念頭，把念頭擺在你想要完成的事物上，你也將能夠，隨心所欲地創造任何事物。

如果你去觀察那些偉大的創業家，你會發現：沒有一個創業家是焦慮症候群，他們都是無可救藥的樂觀者，也是超乎常人的大夢想家。

他們憑的不僅是自身才華，還有強大的正向念頭與持續專注力，於是，他們召喚了宇宙中所有資源，包括：人才、資金、幸運、機會等，協助他們成就豐功偉業。念頭，才是所有成功背後的關鍵思維。

享譽全球的巴西小說《牧羊少年的奇幻之旅》：「當你真心渴望某件事物時，整個宇宙都會聯合起來幫助你」。

這句話能夠傳唱全世界，是因為它在更深的層面上，揭示了一個絕對真理：你的念頭，創造了你自己。

當每個靈魂看到這個「真理」，他們都會共同心有所「感」，所以，當你的注意力看向哪裡，哪裡就會成為你的真實，你的念頭會引來一個又一個念頭，這些念頭就是強大的吸引力，它們會為你吸引來相對應的人、事、物，最後成就你的願望，陪你一起演出某個偉大的「事件」。

嗯嗯，我知道了。可是……這……怎麼可能呢？我是說：這怎麼可能呢？尤其，有件事讓我耿耿於懷的就是：為什麼我想要的，從未實現，我不想要的，卻頻頻出現？

很好，你有在聽課。下一章，我會為你更深入地解釋這每件事。

✽小小叮嚀：如何善用「振動頻率」

「吸引力法則」是宇宙運作事物的法則。也是宇宙中強大的法則。無論是在「無形世界」，或是我們這個「有形世界」，都是受到「吸引力法則」的影響。

它的意思是：這個宇宙裡萬事萬物都是能量，能量本身是由粒子振動而成。每一種能量都有自身的振動頻率，而振動頻率相近者，會將彼此吸引在一起。因為粒子振動時，會釋放出我們肉眼看不見的電磁，電磁會相互吸引，於是相同振動頻率的能量，就會因此被「聚集」在一起。

而我們的「思維」也是一種能量活動。「思維」產生的電磁效應會像滾雪球般的越來越大。當你持續「思維」某件事情時，相關於那件事情的東西就會漸漸出現在你眼前。

宇宙之間的萬事萬物，有很多東西是我們所不知道的。因此，當你在「思維」某物時，永遠都要懷有崇敬之心，因為你的思維具有能量波，當波發送出去的時候，能量粒子彼此之間是「同步」感應的。沒有所謂時間與空間的阻隔。於是無論你思維「什麼」，被你思維的對象，也能察覺你對他的思維。

關於這點，在有形的世界裡，人與人之間的思維，被看作是「心電感應」；而當我們思念「靈界親友」時，由於他們的能量更為精緻輕盈，將「更快」接收到我們的思念。

如何善用「吸引力法則」來創造人生？這裡有幾點方法提供給你參考：

一、清空你的腦袋（Out of your mind）：

每天讓自己靜坐，清空你的腦袋。當你投身到這一世時，雖然你的靈魂擁有完整的宇宙知曉，但是你的腦袋是一副全新的腦袋，而你的心智也是一幅全新的心智。但是想想這個世界從小到大灌輸我們的是什麼？是無止盡的恐懼、限制、崇拜、金錢、權利、好壞、美醜。所以你的腦袋裡事實上所裝的，全是這些東西。可說：你的腦袋所裝的，只有恐懼而已。所以，每天都要提醒自己：走出你的腦袋（Out of your mind）。唯有走出你的頭腦，你才能找到真正的明晰、智慧、與洞見（Insight）。

如何走出頭腦？靜心，永遠是靜心。當你先靜下心來，與寧靜同在，你就能想清楚很多事情。

這是很奇妙的事，當你與某個問題同在，持續與它同在，藉由你在寧靜中自己給它答案，那麼這個答案就會越來越貼近真實的需求。你無法知道這為什麼可行，但它的確可行，而你甚至可稱它就是來自於神的答案，因為你和神是一體的。

所以，靜下心來。每天都要給自己片刻的靜心時間。這是你走出頭腦監獄的唯一機會。

二、「存好心、作好事」是絕對有用的真理：

「存好心」不僅可以讓你自已感到快樂；更重要的是，當你的情緒提升之後，也就是將自己處在「愛、感恩、喜悅、祝福、安心、平靜」等，那麼你的振動頻率就是處在「較高的」振動頻率。反之，如果你常常批評事物，為此感到憤怒不滿，那麼你就是處在較低的「振動頻率」。在宇宙振動頻率裡，「愛」是最高的振動頻率，而與它處在另一端的極點是「較少的愛」。

想像一根筷子，這根筷子的本質是「愛」。位於左邊的那一端是一百分的愛，另一端是一分的愛。我們常常把僅有一分的愛視作「恨」。但其實，「恨」也是由愛的情緒裡產生出來的。在宇宙之中，所有的本質都是「愛之能量」，「愛之能量」形構了萬事萬物，「愛之能量」就是宇宙的「本源能量」。所以，我們日常生活中常見的菩薩與神明，在無形世界裡，他們都是「愛之化身」，都是處在較高的振動頻率裡，處在「愛、感恩、喜悅、平靜」頻率裡。

當一個人時常心懷好意、身行好事時，他的心就會處在較高的振動頻率裡，因而也會吸引相關的人事物前來。可說，「美善之心」是我們提升振動頻率的方向。

另外，「身行好事」能夠快速提升你的振動頻率。因為當你作了一件好事時，你會發自內心感到喜悅，那種喜悅情緒會傳遍全身，讓你體驗到「愛之喜悅」。

這種情緒性的「體驗」是一種強而有力的祈禱，雖然是我們主動去幫助他人，但是無形之中，我們自己也會被這「愛之喜悅」包圍，不但提升自我的振動頻率，招來好運；同時，當下所付出的，也會在將來返回我們自己身上（這是另一個宇宙法則：「終極回報法則（Law of Ultimate Return）」）。

所以，不用擔心你今日付出的，來日是否會有回報。也不用拘泥於「吸引力法則」是否能夠為你效力。你只管秉持自己的良善，你就一定會成功。

只要你秉持良善，無論是「吸引力法則」或是「終極回報法則」，你都是處在那「絕對勝利者」的位置上，你根本不可能損失。

所以，不用害怕自己付出是否會有回報。我告訴你，一定會有。即使不是從目前的境遇得來，也將在未來某處反饋回來，而且是加倍返還。

三、「所來之處還有更多」：

藉由讓「你想經驗的也讓別人去經驗」，你將為自已經驗更多。因為你與別人都是「一體的」，請把這句真言銘刻在你的心上，因為它確實是真言，來自於接近生命樣貌最真實的本言。

不僅你與他人是「一體」，你與天地星辰，宇宙萬物皆是「一體」。「一體」意謂著：同一個。只有「一個」，整個房間只有「一個」。所以你的力量、資源、與能量都是無窮盡的。沒有一個是你所不是的，你是一切萬有。這是一個封閉的圓，也是一個圓滿的圓，沒有其他人，只有你自己。

所以不用害怕給出任何東西，因為不可能真正失去任何東西。凡你給出的，都是你給自己的。「所來之處還有更多」，凡你所是（being）的，你將會持續體驗到更多相同且更多的東西，無論那東西是：金錢、關係、智慧、開悟等等都是。

四、別讓人類「競爭」思維，影響了你的「秉善」：

所謂「適者生存」不過是人類基於恐懼而製造出來的「謬論」。不值得你拿來奉為圭臬，更不能當作你之行動方針。因為，你今日給出的，來日都會加倍返還。這無關乎業力，而是「怎麼去，怎麼回來」就這麼簡單而已。

你不用擔心你的人生是否會有「匱乏」的問題。你只要將你的「恐懼」交託給你最信賴的神明、菩薩、天使（祂們都是真實存在的），只要你願意在心中與祂們對話，祂們就一定能夠承接你的應求，而且絲毫不差。

於是，你所要做的，不是一直擔心恐懼，而是讓自己保持在「正向思維」裡。那代表從你的「神聖與宏偉」出發。永遠要把自己看作是「神聖與宏偉」的。那代表不小看你自己。即使只有一剎那，你也要選擇用「神聖與宏偉」來看待自己。

當知：宇宙之中，所有一切物質都是能量構成。而宇宙「本源」是一股終極宏大的能量，這個能量遍及整個宇宙，無一不是由祂組成。

當你以愛之名作出祈禱時，祂也必會回應你。因此，「所來之處還有更多」，你不必擔心「匱乏」，只要放下恐懼，以愛而行，其實你是一直被保護得好好的。

「心想好意、身行好事」不是一句空話，而是智慧聖哲總結自身經驗所寓含的偉大真理。聖哲不會跟人解釋太多，而是勉人直接實踐「真理」。

五、訓練你的注意力：

盡量避免看太多「負面新聞」。

甚至不要讓自己去細究「發生過程」。

當你在閱讀一則「負面新聞」時，其實正在被影響的人是你自己。

如果你能試著想像：當你以第三人的角度站在旁邊觀看，觀看著自己閱讀「負面新聞」時所產生的種種負面「念頭」，諸如：憤怒、恐懼、犯罪方式等等，你會發現，那個正在閱讀的你，正與那「負面新聞」能量共振，「負面新聞」將進入你的潛意識層面，成為你心中的潛意識種子。

如果你時常閱讀負面新聞，那麼你的潛意識層面也將積滿這些「負面種子」。而這些「負面種子」在未來某天，都會發芽。因為你的「意識」是「能量製造機」，只要你「專注」夠久，你就一定會經歷到任何你所專注的對象。

所以，訓練你的注意力，時常讓它聚焦在好事上，避免接觸過多的「負面新聞」。這是保護你自己。並非是讓你對世界漠不關心，特別當你是個有愛之人時，你的善良與悲憫是你的天性，你無法克制天性。但是「閱讀負面新聞」與「採取行動」是兩回事。

曾經有一個記者問德蕾莎修女：「當一個孩子死在街頭上的時候，上帝在哪裡？」。德蕾莎修女回答：「上帝正陪伴著她，你真正該問的是：那個時候，你在哪裡？」（原文：God is with her, the question is where are you ?）

你看出來了嗎？對於「負面新聞」的真相是：這個世界的人都麻木於作為一位「旁觀者」，而忘了自身的行動，可以改善世界。這就是「旁觀者」與「行動者」的差別。要作為一個「行動者」，對你自己負責，也對世界作出回應。而不是整天沉溺於「世界越來越恐怖」的情緒裡，卻沒有採取行動。

你知道嗎？當你採取行動時，你的眼中會關注「解決方案」，而不是把「負面新聞」當作日常資訊來閱讀。

第三章　真正的幸福始於「內在」

先始於內在，然後顯現於外

現在我要告訴你第三個關於成功的秘密。

什麼秘密？

「真正的幸福，始於內在」。

這句話我聽過了。

是的，你聽過了。而且幾乎所有的人都聽過了。

那這算什麼秘密？

我要再重複一次：「真正的幸福，始於內在。」

嗯，我知道，我們每一個人都知道。這句話要說的，不就是要我們對事情抱以感激嗎？要我們知足、要我們感恩、要我們珍惜小確幸，要我們不要貪戀，回到心靈內在，去當個……呃，「這樣就很滿足」的人嗎？

你的感覺是什麼？

什麼感覺？

對這句話的感覺。

我感覺……是的，說的有道理……但是，這不是我想要的。我是說，這句話根本就是老調重彈呀！哪裡算麼秘密？要更嚴格來說的話，我的感覺就是：一點感覺都沒有。

非常好！那代表這句話仍有它存在的必要。而且，對你而言，它仍然深具潛力。即使它外表看起來是如此老舊，但是它的內在卻仍是個「新鮮貨」。

不懂你的意思。而且……關於第二堂課結尾時的問題，你還沒回答我。

嗯，不急，慢慢來。你有聽過這句話嗎，「幸福本身沒有道路，幸福本身就是道路」。

有，這句話還蠻有名的，而且出現在某部電影的開頭。我超愛那部電影，那部電影叫做《看見5%的奇蹟》。

好，讓我來告訴你這句話真正的意思是什麼，它的意思是：所有的東西，都要先從內在創造，才會成為「真實」。

我不懂。

嗯，就是當你想要任何東西時，真正創造那個東西的方式，不是一直去外在尋找它。而是回到你的內在，先在你的內在創造它，讓它成為你的「內在真實」，然後你自然會透過這份「內在真實」去吸引來「相關的元素」，最後成為你能體驗到的「外在真實」。

如果你想去尋找一個叫做「幸福」的奇蹟，你若在外在找，你是找不到那個名叫「幸福」的奇蹟。不是外在不存在那個東西，外在確實存在那些東西，只是那些東西目前不屬於你，更確切地說：不屬於你目前這個頻率狀態！

例如：你想找一個伴侶，於是你拼命地在外面找，當大家都告訴你要努力一點、開朗一點、大方一點、熱情一點，而你能試的也都試了，但是就是沒有「理想的結果」。

你找到的「人」，要嘛就是不喜歡的、怪怪的、不合拍的、合不來的……，甚至你真的「看起來似乎」成功了，交往了一個你當下認為「適合」的伴侶，卻在二週之後，宣告分手。為什麼？因為，你的頻率不對呀！你以為努力往外找，就會找到答案嗎？我告訴你，不會的。即使你找到看起來「滿意」的答案，但是很快地，你又會想要把它推開。

不是對方不夠好，也不是答案有問題，而是你發出的頻率不對。

什麼頻率？

振動頻率。

振動頻率？那是什麼？

好，我先解釋「振動（vibration）」。

你現在知道了「吸引力法則」的存在；接下來，你需要更加了解的就是「振動」。宇宙之中，萬事萬物都在「振動」。這裡所指的「振動」，是指能量粒子上的振動，也就是：原子、質子、電子……乃至於其他更小的粒子，直到最後人類目前所能理解的最微觀層次：能量弦（Energy String）。

這和我的成功有什麼關係？

記住，被看見的東西，永遠都是那看不見的東西在影響著。

你以為你看見了一個「人」嗎？其實你看見的是一個由「能量」所組成的「實體」在你面前。這些能量以高速來回振動的方式，來回振動著，乃至於成為你現在眼睛所能看見的「能量體」。

你是說，坐在我眼前的這個人，是由「能量」所組成？一個「實實在在」的能量體？

是的。你不僅看得到，也摸得到、感覺得到。但是你用「實實在在」來形容，可能仍有些差距。

因為，「能量體」當中大部分都是空的，只由少部分的能量粒子，以高速頻率的方式來回振動，以至於你肉眼看起來，甚至碰觸起來，好像是個「實實在在」的個體。但其實，如果你把能量體內部的「空間」抽走之後，剩下來的粒子團，也許只有一顆豌豆般的大小。

你怎麼知道？

嗯，去看看人類最新的物理學研究吧。一張椅子內部的粒子振動，並不像它外表看起來的那麼堅實、牢靠，它隨時會因為外部能量的介入而改變。

讓我們再回到「振動」這個話題上：

你知道當一個「能量粒子」被一分為二的時候，「粒子」與「粒子」之間，具有共振效應嗎？也就是說：當一個粒子受到影響時，另一個粒子也會「同步」發生反應。你們的科學家告訴你們：你們目前的宇宙，始於一個奇點（Initial singularity）大爆炸（Big Bang）的結果。如今構成萬事萬事的所有能量，都是來自於最初的這一股能量。

也許你們今天看到的物質世界繽紛多彩，但是在「能量本質」上，你們全部都是來自於同一股能量，你們彼此都是「同質的」，儘管在外觀上是那麼差異化，但你們的差異，不過是來自於：同一股能量的不同顯現而已。

而其中對你而言最重要的是：你與他人，甚至與這個世界的萬事萬物，在更深的層次上，都是相互牽引的：

你的喜悅，會牽動他人的喜悅；你的快樂，會牽動它人的快樂；你的振奮，會引起他人的振奮。雖然在表面上，你們看起來都是相互獨立的個體，但是在能量的層次上，你們都是不斷振動的能量體，彼此透過「同頻共振」的效應牽動對方，並為自己帶來同樣頻率的事物。無論是人、物、或是某個「事件」。

記住，宇宙之中掌管秩序的唯一法則，就是「吸引力法則」。而「吸引力法則」的運作基礎，就是把「同一個頻率」的能量都聚集在一起，如同你們生活中常說的那句：「物以類聚」。

「物以類聚」的描述可以擴大到任和範圍，包括：人、物品、念頭、狀態、事件、人種、國家、DNA、心情、伴侶、夥伴、朋友、嗜好、口味……等。你會發現：整個世界的形構方式，就是根據不同的能量狀態，藉由「同頻共振」的方式，把和自己類似的「狀態」吸引過來，而形成「群聚」效應。

你是什麼「狀態」，你就會吸引同樣「狀態」的人、事、物來到你身邊。如果你處於「有」的狀態，你就會吸引到更多關於「有」的狀態。如果你處於「匱乏」的狀態，也會吸引到同樣「匱乏」的狀態。

現在，回到你想要找到「理想伴侶」的例子：雖然你很努力尋找，可是你遇見的人卻都「不盡理想」。並非這些人「不好」，而是你自己本身就處於「匱乏的情緒」，你吸引來的自然是更多關於「匱乏」的事件。

你怎麼知道我處於「匱乏」的狀態？我沒有啊！我很積極，我很樂觀，我對自己很有自信。

嗯嗯，你說的這些都是。

但是我問你：你是不是真的很想找到一個理想伴侶，甚至在還沒找到這位理想伴侶之前，你總覺得「缺少」了什麼，甚至你快樂不起來，甚至就在與對方一次又一次交談後，對方的回應讓你感到「失望」，你覺得自己「疲於奔命」，就是「找不到」那位所謂的「理想伴侶」？

是沒錯。但這很正常啊！我目前就是沒有嘛！所以我很認真地找，這有錯嗎？

喔~孩子，不是「對或錯」的問題，而是「行不行得通」的問題。

雖然你非常努力認真，但是你內在的「情緒」卻是透露著缺乏、需要、焦慮、不耐、沮喪、恐慌，你對外面世界所發出的頻率，實際上是「現在沒有」的頻率，如果你想去到「有」的頻率，以你目前狀態，根本行不通。

想像你現在收看的電視節目是56頻道，但是如果你想看的電視節目在78頻道呢？你會怎麼做？

嗯，轉台啊！

很好！除非你調整頻道，否則你根本去不到那個頻道。你無法待在56頻道裡面，卻想看78頻道的節目。那行不通的。同一個頻道只會為你帶來更多相同頻率的東西。

我在這裡回答關於你之前提出的問題：為什麼你想要的，一直都沒有；而你不想要的，卻偏偏一直來？因為，你的「情緒」告訴了這個世界：你很擔心某件事，你很焦慮某件事，你很操煩某件事。

當你把全部的注意力都放在「你不想要的東西」上時，宇宙就為你帶來那樣東西，因為宇宙傾聽的不是你的想法，而是你的情緒。

曾幾何時，你有覺察到自己的注意力，其實大部分時間，都是一直放在擔心焦慮的事情上，卻很少放在真正想要的事物上嗎？即使你在心中許下了願望，你說想要找到「理想伴侶」，卻在許願完畢的下一刻間，又「懷疑」自己的願望不會實現，或是「不耐煩」為什麼願望還沒實現。

你看出來了嗎？事實上，你「絕大部分的」注意力，一直都擺在「你目前沒有」的狀態上。你懷疑與匱乏的念頭，只會為你持續吸引來更多懷疑與匱乏，最後你還是處在「匱乏」狀態。這就是為什麼很多人都說：我不想要的偏偏一直來。

記住，你的注意力就是你的放大鏡，你的「情緒」就是你最好的導引系統。當你看向「有」時，你會感受正面情緒；當你看向「無」時，你會感受負面情緒。無論你看向哪裡，哪裡就會成為你的「真實」。

而「情緒」是你最好的羅盤，它指出了目前實際上，你真正看出去的方向。

可是……我就是會擔心呀！

假設現在我就「需要」，但是我偏偏沒有，你要我如何不擔心？

想像力。

想像力！（皺眉）

✻小小叮嚀：如何觀想幸福畫面

當你處在逆境之中時，你所要做的，不是一再與外界抵抗，而是先讓自己靜下心來，坐下來，閉上眼睛，於你內在「升起你最偉大的畫面」。

記住，你心中那「偉大的畫面」是你最真切的祈禱，那個祈禱絕對會有用。所有外在的境況，都是我們潛意識的反射而已。除非你能主動掌控自己的意識，也就是在心中主動去想像那「已然實現了的偉大畫面」，無論是家人團聚、創業成功、富足圓滿、愛人重聚、子女幸福等等，只要你渴望祈請的，都是你的「偉大畫面」。

外在所有的能量聚合，都是從你的內心開始。我要你持守著自己心中那「偉大畫面」，讓它成為你心中的「祭壇」，讓它成為你對宇宙最強而有力「宣告」，讓它成為你召喚天地之間一切萬有前來助你的勇氣。那麼你必能反敗為勝，從逆境中站起來。

持續秉守心中「偉大畫面」，給予祝福，給予聆聽，然後根據直覺採取行動。用全副身心去行動，你一定能夠成功。因為你的成功是被保證的。在哪裡被保證？在你心中「被保證了」。外在所有的境遇，都是我們潛意識的投射。當你能夠在意識中主動去創造那「美好畫面」，你就是在用「意識」創造你的人生。

當你超越了現況，你就是在心中創造了「未來」。

記住：神不會失敗，當你將恐懼交託給祂之後，你所要做的就是隨順施為。

第四章　成為「你自己的大師」

想像力是意識能量投射

想像力？這和我尋找「理想伴侶」有什麼關係？

你還記得某句廣告標語嗎？「想像力就是你的超能力」。

記得喔，那是一家文具公司的標語。是很久以前的廣告標語了。

是的。真理或許看起來不同，但是無論在什麼年代，它看起來都是那麼地相似。古今中外任何一位成功人士，「想像力」都是他們一致推崇的特質。這並非「巧合」，而是他們所曾擁有的共同「經驗」。

可是，我覺得自己好像沒有什麼「想像力」。我是說：我腦袋裡沒有什麼想像力，我不太會畫畫，不太會……呃……就是創作之類的。

創作，只是「想像力」的一種表現，並非「想像力」的要件。一個人擅不擅長創作，和他的「想像力」也沒有關係。真正驅動「想像力」的，是你的「欲望（desire）」。

欲望？

是的。無論是欲望、渴望、願望、希望、想要、嚮往等，通通都是指「同一件事」。這件事就是：持續追求下一個你最偉大的版本。例如：「最適」的工作、「理想」的伴侶、「完美」的健康、「進步」的城市、「偉大」的國家、「幸福」的生活。

每一個「選擇」的背後，都是你對「我是誰」所作的「定義」：我最喜歡什麼？最適合什麼？最想成為什麼？最想體驗什麼？

這是宇宙生命的動機：持續創造並且體驗我之為「誰」的下一個最偉大的版本。於是你針對自己的喜好，提出「宣告」，然後「宣告」成為了你的「夢想」。而背後推動這一切的力量，就是你的欲望。

欲望，是驅動一切事物發展的源頭。欲望，是驅動一切生命發展的關鍵。欲望，就像內建在每朵生命之花中的天性，它永遠在追求快樂，尋求擴展。而靈魂最深的欲望就是體驗我，體驗「無限」的存在。

如果宇宙之中不再有欲望，那宇宙將停止擴展，生命也將形同槁木死灰。「欲望」是擴展生命的動力，「想像力」則是強大的工具。

嗯，你說的似乎煞有一回事。但是要如何做呢？正如你告訴我了這麼多之後，我究

竟要如何運用我的想像力，來找到我的「理想伴侶」呢？

還有，在那之前，我認為你有必要針對「欲望」這個東西，再多作說明。因為，從你的角度來看，你似乎很「肯定」欲望這個東西，但是……嗯，大部分的宗教並不鼓勵「欲望」這個東西。

欲望是靈魂的本能，我有告訴過你，你們每一個人天生都是「偉大的靈魂」嗎？你們帶著自己天生的渴望來到這個世界上，承其所能地，創造並體驗這個多元且豐富的宇宙環境。

你們不是帶著贖罪身分來的，你們是帶著創造動機而來的。你們不是被困在這幅身軀裡的可憐靈魂，你們是帶著全然的意願與動機，來表達與創造、體驗與成為你是「誰」的偉大靈魂。

可是在我的家鄉裡，那些偉大的老師一再告誡我們，欲望是不好的事情，太多的欲望會招來太多的麻煩，唯有放下欲望，才得以救贖。

喔，孩子，你並不需要被救贖。如果你本身就「已是」那至高無上的「存在」，又何來「救贖」呢？如果你已是自己的大師，你又哪裡需要其他人來「教」你任何東西呢？

可是，我不是大師。我的生活仍困在一團迷霧裡，就像大多數迷惘的人一樣，我們

需要一個領袖來告訴我們：關於我們是誰，為何來到這裡，又該往何處去。

如果我對自己都一無所知，我怎麼能夠期待自己是一位大師，甚至像你所說的：是至高無上的「存在」。

嗯，孩子，你有聽過宇宙之中存在著一位「造物主」嗎？祂有許多的「名稱」，包括神、本源、生命、宇宙意識。總之，就是指：那創造一切天地萬物的「始作俑者」？

有，我是聽過。就像你講的，如果要讓目前這個宇宙看起來是那麼地有「秩序」，勢必得有一個力量在背後運作。但我認為，這只是「推論」而已，誰也沒看過這位想像中的神。

「神」這個名詞，是人類用來敬謂那些超越「人類所能理解之事」的「稱謂」。但如果你把「神」用來「偶像化」，認為「神」是你們此生的終極目標，或是必須透過某些「成神」的人來為你們完成「救贖」的工作，那麼你們就是誤解了關於「神」這個字。

不懂。

「神」不是你們人類可以用「擬人化」的方式來認識的「存在」。

是的，這個宇宙裡確實有一股生生不息的能量，運作一切，使宇宙成為你們今日看起來的樣子。

但是關於「神」的樣子，並非是常人所想像的那樣，一個「具體的形貌」。它真正的本質，是一股股生生不息的「純粹能量」。只不過比你們所想的還要更多的是，它不僅僅是一股能量，它還是一股會思考、會創作、會傾聽、會歡笑、會幽默、會知道你現在上班快要遲到的「存在」。

是的，你無法在世界上找到她，你無法擁有她的Facebook，你無法Line她，你更無法追蹤她的IG，觀察她的隱私。

但是只要你想要和她溝通，當你在心中提出問求（ask）時，她隨時會以一首歌的曲子、一本書的句子、一句廣告看板的文案、一件印有標語的T恤、一位不經意從朋友口中說出來的話語，來回應你的「問題」。只要你「專心看」，你就會看到。

甚至，就在你閒來無事，輕鬆漫步的午後，一陣微風輕拂臉龐的靈光乍現裡，你也會「聽到」她與你的對話。

這股對話，並非是一種聲音，與其說那是聲音，毋寧說是一份「知曉（knowing）」。尤其正當你對某件事深思臨盼之際，某種深刻的「洞見（insight）」乍現來到之時。

所以，神是無形的存在囉？

是的，她是宇宙的意識、生命的本源、形成萬物的神性粒子。她是維持你那庭院前，那些植栽樹木的生命力；她是餵養那些飛禽走獸、鳥類家畜的生命力；她是此時此刻從你的內在維度，持續流向你的一股生生不息的原力（force）。她是孕育山河大地、宇宙遍際的存在，她是此時此刻與你一同思考創作的存在，她是那股最初的本源意識，也是此刻延伸為你靈魂的意識，當我說你是一位「偉大的靈魂」，我指的正是此時此刻，正在閱讀這本書的「你」這位偉大的「意識」。

呃！我？我的意識？我一點都不覺得自己偉大。如果我真的那麼偉大，為什麼我不知道？

你不知道，或著說你「遺忘」了。

遺忘？

是的。你遺忘了。

不過這樣也好，因為你的「遺忘」是有「目的」的。宇宙之中，沒有意外，所有每件事情發生的背後，都有精心設計的目的。你的「遺忘」也是有「目的」的。

因為：如果不是「非你所是」，你也將無法體驗「你之所是」。如果不是「不夠完美」，你也將無法體驗「盡善盡美」。

當你還是「無形存有」的本源意識時，你的「神性」不過是你的概念；當你投射「有形身體」的物質存在時，你的「神性」才能被你的體驗。為了全然「體驗」，你選擇先行「遺忘」。於是當你逐漸「憶起」自已是誰時，你也將在過程中，體驗你的宏偉。

你是說，我的「意識」與造物主有關？

是的。你以為你只是你的「身體」而已嗎？

如果你只是你的「身體」，那麼如果你少了身體的某個部分時，你的腦袋也應該無法正常運作！但你知道這是不可能的，你的腦袋仍然能夠正常運作。你依然能夠活出一部感人熱淚的偉大電影《我要為你呼吸》（英文片名：Breathe）。

哦！我知道，那是一部真人真事改編的電影，敘述罹患身體殘疾的男主角，用愛活出生命意義的故事。

或者，你也可能不只是你的身體，你是你的「意識」，你用你的「思考力」寫出了一本叫做《時間簡史：從大爆炸到黑洞》（A Brief History of Time: from the Big Bang to Black Holes）的巨著，並且被世人公認為本世紀最偉大的天才。

你是說英國著名的物理學家史蒂芬‧霍金（Stephen.Hawking）嗎？喔，老天，你別開玩笑了。我可沒有他那麼偉大，他是天才耶！他是名列國際科普組織，榜上有名的

神人耶！我豈可與之併論哉？

不要小看你自己。

不是我小看我自己。而是你的比喻太失當了，你拿學術界的天才，來和我這個凡人比？這根本就是拿「大象」來和「老鼠」比。

嗯，那佛陀呢？耶穌呢？賈伯斯、J．K．羅琳、周杰倫、蔡依林、五月天呢？你能夠分辨誰比誰偉大嗎？

哈，那當然，你又再次比喻失當了。你怎麼可以把神與人並列在一起。你這不是又一次引喻失當嗎？

讓我告訴你，不是我引喻失當。而是你的焦點失當。你知道嗎？只有你們人類才會為彼此貼上標籤。認為這個好，那個不好，佛陀比凡人偉大，耶穌比工匠優秀，而自己比不上那些名流人士的「光環」。

但是在靈性的本質上，每一個人的靈魂都同樣偉大。因為你們都是來自於那股「本源意識」的延伸，你們都是「神性存在」的延伸，你們都是那唯一生命源頭的「不同表現」：因著你們每個人的天賦禮物「自由意識」，你們來到這裡，拾起這本書，正在與我對話。

佛陀不也曾說：眾生皆俱佛性嗎？耶穌不也說過：他能做的，其他人也能做到嗎？佛陀曾是凡人，而耶穌曾是工匠，這一點你又注意到了嗎？讓我告訴你，如果成功人士能夠成功，並非是他們擁有什麼是你沒有的；而是他們「勇於專注做自己」。

「勇於專注做自己」？

是的。每一位偉大的靈魂來到世界上，都是帶著獨一無二的天賦而來的。正如你們之中，有些人擅長繪畫、有些人擅長寫程式、有些人擅長創業、有寫人擅長寫作，你們之中，沒有一個人是相同容貌的，你們全是獨一無二的存在，自然也無法比較。

你們來到這個世界上，是為了充分表達「你之所以為誰」的願望而來的。也就是說，靈魂之間的唯一渴望，就是「充分表達自己」。因為，你們各自是「自己的大師」。

大師？我不認同。

我承認自己與眾不同，但是我並不偉大。我的生活，還得負擔經濟壓力，我根本不知道自己到底想要做什麼，更別談所謂的「天賦」，甚至你說的「我是自己的大師」。

那是因為，你還沒有找到自己的力量。

但是要有耐心，最成熟的果子往往是留待給有心人採收。

正如你一路走來的人生歷程。很多人都以為：只要努力達到外在的標準，就會獲得某種晉身幸福的資格。但是，你的腳步，永遠追不上科技與社會進步的速度。你的學習力，永遠比不過那些「天生就是吃這行飯」的傢伙。除非你願意正視自己的天賦，善用你的天賦，並且「勇於活出你自己」。你才有可能體驗到此生的意義。同時，體驗到那些成功人士所說的：「熱忱（passion）」。

如果你不做自已天生擅長的事，不做自己喜歡的事，不做自己「認為有意義」的事，你要如何才能滿足於你「內在靈魂的渴望」呢？而你「內在靈魂的渴望」正是他人無法取代的創造力。

（沉默）嗯，我了解，但是該怎麼做？

運用你的「天賦」以及「想像力」。

想像力？這不是我們一開始談到的東西嗎？你都還沒回答我，如何用運我的「想像力」找到「理想伴侶」。現在，卻又再告訴我，如何尋找我的「天賦」？

別急，孩子，我正在教你一堂了不起的課。

什麼課？

「順流而行」。

順流而行？

是的。記住：生命本身是一個「發展」的過程，當它開展的時候，你無法「控制」它要怎麼走。生命，總會用你意想不到的方式，來鋪陳它自己。有時候，你最聰明的做法，就是隨它順流而下。讓生命之流為你「創造」。

可是，若是這樣子，我豈不是對自己的人生，一點掌控力都沒有。

非也。你要做的，就只是清楚你的「目標」，運用你的「想像力」來告訴宇宙你的目標。然後讓宇宙這個偉大的機器，為你運作一切。如同你在上一篇文章的最末，你仍記得向我提出一個你想知道的問題：如何運用想像力，來尋找「理想伴侶」。

這有什麼關係嗎？

有。因為你不知道生命會如何開展它自己。

你可以把每件「事物」、每場「對話」、每個「關係」，都當作是一個「生命」。當「生命」開始運作的時候，它會有自己的「發展脈絡」，這不是你能用有限的視野與角度去「控制」它應該如何發生。

你要做的，就是「清晰你的目標」，並且保持「全然的信任」，「欣賞」每一刻來到你眼前的境遇。用心在每一個境遇裡，找到「欣賞」事物的角度，讓自己保持在「正向情緒」裡。如果能做到這樣，你就是在運用「隨順」的力量，也就是

「順流的力量」。關於這點，我會在後面的章節詳加描述。

例如在這篇對話當中，雖然在一開始，你能預料對話「將」如何發展，但是當這場對話真正「開展」時，卻是「出乎你的意料」。你不需要去「控制」它，更不需要去「更動」它，有時候你最聰明的做法，就是讓它自然而然地「呈現」，看看它將帶你去向哪裡。而我跟你保證，它將為你帶來的，永遠超乎你的預期。

如同這場對話，雖然一開始我們是用「想像力」起頭，但是當「對話」真正地展開時，卻是談到關於你是「誰」，以及「成為你自己的大師」。然而，並非我們跳過「想像力」這個話題。但是，當我們再次回到「想像力」這個話題上時，你將對「想像力」這個主題，擁有更加全面、透徹、清晰的理解。

但在那之前，在這片文章的最末，我有一個很重要的結論要跟你說，就是：

「永遠順從你內心的渴望，因為那是你靈魂深處，對你做出最偉大的召喚」。

這個召喚本身就是一份永恆的救贖，它將向你揭示：關於你是誰，你想做什麼，以及此生的意義。隨順內在的生命之流，你能夠成為自己的大師，領略成功的真諦與幸福。而我答應你，我會一路陪著你去到這本書的最末，引導你看見自己的「天賦」，並成為「你自己的大師」。

❈小小叮嚀：如何做自己的大師

不要試圖向外尋求力量，永遠相信你才是力量的源頭。凡你所認為的，都會成為你真實生活中的體驗。所以，不要讓專家來告訴你什麼是對的，不要讓權威奪走你對事物的判斷力，更別讓科學奪走你的信仰，信仰是人類最寶貴的資產。科技建造我們的家園，但是信仰才是我們的文明。

做「自己的大師」就是：堅守你的信念。別讓任何人從你身邊拿走它。如果你失去了信念，你就失去了魔法。魔法能夠創造奇蹟。科技不能。只有你能為自己創造奇蹟，別人不能。要記住這點。

第五章　真愛遇見真愛

當你先是愛，頻率自會帶給你愛。這就是愛的法則

當你在乎別人怎麼想的時候，你就是把結果交給他人來決定。而你可能面對的風險之一就是：得不到你想要的結果。

但是，當你先想著「自己想要的結果」，也非常深信「自己想要的結果」。那麼最終，你就會得到「自己想要的結果」，沒有例外。這並非「一廂情願」，而是「振動頻率」。

嗯，我不太懂？

意思是：你的「想法」創造你的「實相」。

現在，我就要來說明這背後的「原理」：還記得我說過，「念頭」也是一種「能量」嗎？

嗯嗯，記得，你說「同頻共振、同質相吸」。

是的。

這個世界上所有的東西，都是由能量聚合而成。「能量」的本質是一股「純粹動能」，你們的科學家命名為「弦能量（String Energy）」。

這股「純粹動能」沒有具體形式，而是藉由不同的「振動頻率」，亦即：能量粒子之間的振動速度，來呈現出不同的樣貌。

在宇宙之中，到處都充滿了「弦能量」，更精確地說：宇宙就是由這股「弦能量」構成。這股「弦能量」透過不同的「振動頻率」，組成了各式各樣不同的物質，形成你們今日所見的壯麗宇宙。不只是電視、杯子、手機、電腦，就連你的身體、思維、意識，也都是由這股「弦能量」構成。

「振動頻率」越高的能量越不可見，例如：電波、氣味、聲音、意識、念頭等。「振動頻率」越低的能量稠密可見。包括：杯子、手機、電腦、身體等。

人的身體，是一個「多功能頻率轉譯器」，能夠把宇宙之中不同的「振動頻率」轉譯為你所「理解」的東西。例如：

眼睛，負責轉譯外在振動頻率，形成「視覺」；耳朵，負責轉譯外在振動頻率，形成「聽覺」；鼻子，負責轉譯外在振動頻率，形成「嗅覺」；舌頭，負責轉譯外在振動頻率，形成「味覺」；身體，負責轉譯外在振動頻率，形成「觸覺」；另外一個鮮少人注意到的「頻率轉譯器」，就是你的「感覺」。它能夠轉譯更精微的振動頻率，形成「感受」。

例如，當你去到某個地方時，你立刻可以感受到這個地方的「頻率」。你會說：這地方不對勁，想要趕快離開；或是，這地方很舒服，希望多待一會。這些，都是因著你的「感覺」功能，轉譯了外在能量的振動頻率，形成「感受」。

嗯，這跟我的「想像力」有什麼關係？

有，你的「想像力」就是你的「創造力」。

每一個「念頭」都是一股「弦能量」；一連串「念頭」形成「思維」，「思維」累積成「信念」；「信念」造就一股強大的「弦能量」。重點是「弦能量」的特性為：「相同頻率」相互「糾纏」。當這些「相同頻率」的能量聚集之後，將形成一個更大的「能量團」。這個「能量團」就是你肉眼可見的「物質」。

等等，你說的是真的嗎？你怎麼知道這些東西？

嗯，你可以去Google一下「振動頻率」，你會發現：我講的已是精簡、再精簡的了。你以為，我在亂寫嗎？

哈，我怎麼知道你是不是用「掰」的！（笑）

好傢伙，你知道嗎？這個世界上最弔詭的就是：關於信念這回事，即使用「掰」的，也能起到「真實」且「強大」的作用。

你在唬我嗎？

哦，不信嗎？

你再去Google一下，爬一下量子力學之「觀察者效應」：粒子本身的運動軌跡，會因為觀察者的「期待」，產生不同的變化。真正的「實相」，並非你所想像的那樣堅固。它只是「能量」的生滅變化而已。就像我說的：即是用「掰」的，也能「掰」出一個世界。

因為，這個世界並沒有「客觀真實」，有的只是你的「主觀真實」。你透過個人的「信念」，創造了你的「個人世界」。而你的「個人世界」，就是所謂的「你的人生」。於是，你的「思維」和「你的世界」大有關係。

這怎麼可能？

你的「思維」就是一股「弦能量」。當你發動某種「思維」時，你就是在發動某種「振動頻率」的能量。而宇宙之中「同頻率」的能量，都將被你「吸引」過來，形成你所見的「事物」。

例如，當你心裡想著某個「品牌」車款時，你會一直看到同類車款；或是，當你心裡想著某種「投資商品」時，你會一直看到相關商品訊息。乍看之下，你以為那是一連串「巧合」。但如果你知道這一切都是「同頻共振、同質相吸」，你就不會感到意外了。

哦！我想起了「吸引力法則」。

是的，就是「吸引力法則」。

它是對能量運作現象的一種描述，無論是「有形世界」或是「無形世界」，都受到這個法則的影響。

等等！你說什麼「無形世界」？

嗯，我說的「無形世界」就是：精神世界。你們宇宙是個「多重維度」的宇宙，可用「有形世界」與「無形世界」來描述。

但是在這裡，先讓我把「想像力」說完：關於你的「想像力」，事實上它就是一股「能量渦流」。當你發出第一個「思維」時，「吸引力法則」將為你帶來更多相關思維。於是你的思維逐漸形成強大的渦流，在吸引力法則的運作下，開始吸納宇宙之中各種存在的能量，進入你的生活場域。當思維越來越強烈，所積聚的能量也會越來越龐雜，最後將以「物質」形式顯化出來，成為生活中的某個「事件」或「境遇」。這就是為什麼，「想像力」具有「創造力」，因為「思維」的能量，能夠擾動整個宇宙能量來向你聚攏。

是喔，我還以為「想像力」就只是；別人畫得出小叮噹，而我畫不出來。

所以我說，「想像力」和你的創作沒什麼關係，它和你的「欲望（desire）」比較有關係。當你對於某件事感到非常渴望的時候，你將能夠自然而然地啟動你的「想像力」。

嗯嗯，了解。所以你是說，我可以藉由「想像力」來擾動宇宙能量，進而創造事物囉？

是的，只要你把握「同頻共振、同質相吸」的原則。

那是什麼？

就是你得先是「同樣頻率」的狀態，你才能吸引到「相同頻率」的事物。尤其是所謂的真愛。你無法在在外找到真愛，你只能先是真愛，然後你的頻率自然會帶來與你相匹配的愛。這就是愛的法則。你無法在「匱乏」的狀態中，苦苦哀求宇宙為你帶來「理想伴侶」。因為宇宙接受的是你的「振動頻率」，也就是你的「情緒」。

你的「情緒」正是你發出一連串「思維」之後，所投射出來的能量。宇宙只會回應你的「情緒」，因為「情緒」才是此刻你最真實的「狀態」。而且，不論是什麼「情緒」，都會收到「同等頻率」的回應：「負面情緒」吸引「負面之事」。「正面情緒」吸引「正面之事」。只要發出

「情緒」，宇宙都會回應。

怎麼可能，我都一直保持在「正面情緒」啊！也沒有找到「理想伴侶」？

嗯，你一直保持積極的行動嗎？

對啊！我很積極，我可是積極行動。

那麼，你長久下來的「感受」是什麼？

嗯，又累又煩，甚至還有一點怒。

為什麼？

因為，行動的結果，都不符合期待。

嗯，可以理解。

在一開始的時候，你積極進取。卻在一次次挫折之後，出現「負面情緒」。

是啊！

嗯，這就是「關鍵」。你的「負面情緒」。

這與我的「行動」有麼關係？

喔，孩子，讓我來告訴你事實吧：

長久以來，你一直用「行動」在創造，你一直「往外」求。但是，只要你內在仍是「匱乏」的頻率，尤其在一次次挫折之後，你的「負面情緒」開始升高，你所投射的「振動頻率」，其實就是告訴宇宙：目前，你很「匱乏」。

換句話說：以你目前的「振動頻率」，你所能找到的結果，也只是和你「頻率」所能匹配的結果而已。

還有最重要的一點是：這些「對象」並非不好。而是你自身的「振動頻率」，使你無法看見他們身上的「完美」。你能想像，有個人戴著「墨鏡」，卻質疑為什麼天總是「暗」的嗎？

那我該怎麼做？

嗯，先「是」再「有」。

如何先「是」再「有」？

利用你的「想像力」。

天啊！又是「想像力」！你很有事嗎？

嗯嗯，我就是來解決「事情」的！

❊小小叮嚀：愛就是存在

提升你的振動頻率，你能為自己帶來幸運。宇宙之中，最高的振動頻率就是「愛」，「愛」不只是人類頭腦的產物，它是一種確確實實的能量。

如何提升你內在的「愛」？最快的方式就讓自己：靜心。

靜心，是最有效率提升振動頻率的方法。當你靜心時，你降下了所有腦袋與心智的運作，讓自己保持在一個全然放鬆的狀態。當你放下了個人的「心智」時，你內在「覺/在」就會顯露出來。那個「覺/在」是真正的你。

你的「心智」只是你的工具，用來回應日常生活；而你的「覺/在」才是真正的你。當「覺/在」於你顯露出來時，你正在允許宇宙「本源」能量療癒你、提升你，你的意識狀態會回復清明、明晰、洞察、知曉，你會很驚訝地發現：你只是靜靜的坐著，你的心卻清澈多了，個人思考力也提升了。

靜坐，會有力量，那是一股無聲、靜謐、卻遍在一切的力量，能夠帶給你強大的能量。

愛其實一直都在，只是我們忽略了她的存在。而你之存在，就是愛之存在。

第六章　所有能夠發生的都是好事

你是神聖存在

任何一件事情，一定會有兩種結果，一種是你想要的結果，一種是你不想要的結果。但無論哪種結果，都是自己創造來的。這個世上並沒有壞事，所有能夠發生的，都是好事。

這怎麼可能？這個世界充滿了那麼多類似今日頭條的事，每天我都看傻了。

記住，一件事情是好是壞，永遠不要用表象去判斷。因為你不知道每個靈魂背後抱持的意圖。靈魂幫助靈魂，共同交織出一場盛大的愛。

這我實在無法理解。

很多層面並非肉眼可見。倘若你相信宇宙是無條件的愛，那麼對於在宇宙之中所發的任何事，背後一定也有著更高的計畫。懷著這樣的信念，它能夠幫助你用更正面的角度去詮譯任何事情。

凡你所詮譯的，將成為你所是的。你選擇看見什麼，什麼就是你所見的。

那我豈不是每件事都處在被動狀態嗎？既然你說沒有壞事，那我乾脆就不用做任何好事了。因為反正每件事都是好事，不做事也是好事。

當然，不做事也是一種好事。沒有事情發生，也是好事。

但若涉及到消極被動……你不會如此選擇的。愛的天性是表達，因為愛永遠尋求對外表達，將它自己推出來，推出這個宇宙。否則，就不會有你們今日所見之宇宙。

表達之於愛，如同亮度之於光，存在本身就是表達，如同光一般，熠熠生輝。

因此，你無法不從你的存在當中，躍出屬於你的創造。在這個無限宇宙中，你永遠有事可做。也會去做。因為那是關於你能夠表達「存在」的方式。也是你體驗自身輝煌的方式。

那麼關於創造，我能夠主動創造嗎？我是指除了一昧接受之外，難道我沒有主動權嗎？每個人都想要過上幸福生活，我不能什麼事都不做而過上我的一生吧。告訴我，有沒有什麼方法幫助我。起碼讓我經驗到自己是個創造者。

有，選擇看見。

選擇看見？

一件事情的各種版本都存在，當你選擇去看見什麼，什麼就會成為你的真實。

你當然不用被動等待結果來臨。你也可以採取主動創造。凡你意識所關注的焦點，都將成為你經驗的現實。所以我才會在開頭就寫「永遠看向成功，不要看向失敗」。

你可以再解釋多一點嗎？

也許你不知道，你的每一個思維，在宇宙裡面，都是一個「創造能量」。每一個思維，都會對應出一個結果。

在你的時空裡，你需要時間來等待這些結果出現。可是在宇宙的能量空間裡，一件事情結果，就在你當下給出那個思維的開始，它就存在了。不是先有思維，才有結果。而是「思維-結果」同時「出現」。在「終極實相」裡面，沒有時間與空間，一切只有「當下」，只有「現在」。宇宙的「創造」過程，是不需要「時間」的，一切都在「當下」完成。

你講的是「形上學」的東西？

是的，這是「形上學」的東西。

但是，這對我而言，有什麼用嗎？即使，如你所說，宇宙創造事物不需要時間。但是，在我的「地球」上，一切都需要「時間」啊！我怎麼知道，要等多久，才能看到我想要的結果？

嗯，藉由保持「信心」與看見其「完美」。

的確，在你們的世界裡，有「時間」與「空間」，你們確實要經歷一段時間，然後從這裡去到那裏，來完成某件事情。你無法即刻看到結果，也很難從這個地方，瞬間移動到另一個地方。但這並不妨礙你原本就具備的「創造能力」。

「原本就具備」的創造能力？

是的。當你還是「無形存有」時，你所想的，都會立即出現。你的結果，永遠與期望符合。簡單的說就是：你想要什麼，就馬上會有什麼。

天啊~那不就是天堂嗎？

是的。但是，相信我，你並不會因此而感到滿足。

因為，身為「無形存有」的你，即使能利用「意識投射」在當下得到你想要的東西。但是，這對於你而言，仍是不夠的。你想要更進一步體驗你自己更加「恢弘的神性」。然後再持續創造關於你是誰的下一個更恢弘的版本。

怎麼可能，如果「我」已是我「自己」了，我又何必體驗我「自己」。

在無形的世界裡，一切都是那麼完美，乃至於根本沒有你所「不是」的東西。然而，當沒有你所「不是」的東西存在時，你之所「是」的也將無法感知。

想像在一片都是白色牆壁的房間裡，你也是那白色其中的一部分，你能看見你自己是「白色」的嗎？

不能。因為全部都是白色的。

你如何在一片白色的房間之中，區別出你是哪一片「白色」。除非，這個時候，出現了一個「黑色」。然後你就能夠說：我是那黑色旁邊的「白色」。

這樣你懂了嗎？

若沒有你「不是」的東西，作為「是」的你，也無法體驗到自己的存在。這就是你來到這個「物質世界」的原因。因為在這個「充滿對比」的世界中，充斥著許多和你看起來，是那麼不同的東西。你在這些「不是」你的事物之中，持續做出關於你真正所「是」的宣告。你在這些「不想要的結果」之中，持續確認何謂是你「真正想要」東西。

如果你是「愛、慷慨、勇敢」，若沒有與之「相反的」情境，你也將無法體驗到你自己是「愛、慷慨、勇敢」。當你還是「無形存有」時，「愛、慷慨、勇氣」只是個「概念」。一旦你來到這個「對比世界」時，你的「概念」才得以真正被「體驗」。

這就是生命的真諦。你已在無形界知道了自己是個「偉大存在」。而你到這個「對比世界」，為的就是實際體驗自己的「偉大」。所以，不要小看你自己的生命。你的本質，是神聖的「存在」。

哈，我大概可以了解你的概念。不過，就如之前我說的：你看我現在跟鹹魚一樣，我哪裡偉大了？

哈，那是因為你還沒有憶起你本來就會的「創造之法」。

創造之法？那是什麼？

就是用你的「意識」創造。

想像一下，假設現在你離開了這個「身體」，那麼作為「意識」的你，如果這個時候想來一份大麥克漢堡時，你會怎麼創造？

嗯，我倒沒有想過這個問題。但假如真的是這樣的話，當我想要來一份大麥克漢堡，嗯……就是……去想像吧！想像有一份「大麥克漢堡」，想像我在吃一個大麥克漢堡。

是的，那就是你的「創造之法」。當你還是這個宇宙的「偉大意識」時，你就是用這種方式來創造你想要的東西。

在你還是「無形存有」時，你是用這個方式在創造。但當你是「有形存在」時，你忘了這個方式的創造。然而，無論你是身處「無形世界」或是「物質世界」，這種創造方式，都同樣有效。事實上，這才是宇宙之中，最有效率的創造方式。你的「想像力」搭配「吸引力法則」，就像「衛星」搭載「火箭噴射器」，砰的一聲，願望發射到宇宙之中，等待實現。

而且你再仔細思考看看，當你「想像」自己在吃漢堡時，「你吃漢堡」的畫面，是不是「即刻」在你腦海中出現，一點都沒有「時間差」存在。

嗯，沒錯。但這是「想像」啊！當然我想「什麼」就是「什麼」呀！哪裡會有「時間差」存在？

可以喔，除非你在腦海中「慢動作重播」那個畫面。它就真的會「慢動作」重播。因為這一切都是你的「想像」。你愛怎麼「想像」就怎麼「想像」。

如果你只是你的「身體」，那麼我可以說，你的「想像」，只是「虛構」。但如果你不只是你的「身體」，真正的你，是創造出這副身體的「意識」，那麼你的「想像」就會是一種強而有力的「宣告」。宣告你正在「創造」某件事物。

當你還是「無形存在」時，你是用「意識」在創造，而不是用「行動」在創造。那是因為你到了這個「有形世界」之後，才習慣用「行動」創造。尤其，當你以為「你」只是你的「身體」時，你只能夠用「行動」創造。但實際上，你不只是你的「身體」，你還是一個「偉大意識」。

你的確可以透過「意識」，創造你的人生。而且，真正的創造，包含了「思維、言語、行動」三個部分。其中，最有效率的創造，永遠是「思維」。

喔！你說的好像還蠻有趣的。

好，就拿你想要尋找「理想伴侶」這件事來說，讓我來說明你可以如何創造：首先，想像你「已經」有了那位「理想伴侶」。雖然你目前仍看不到人，觸不到人，但是你可以試著「感覺」此時此刻，「此人」就在你生命中了。

好，讓我來想像一下，「此人」此刻「已然」在我的生命中了。

是的，也就是說，去想像一下，就在此刻，感覺你已經「有」了這位理想伴侶。

呃，我怎麼覺得你是在說「虛擬情人」！

OK呀，就當作是「虛擬情人」。重點是：把你的「感覺」擺在「有」，而不是讓注意力一直放在「沒有」。

記住，宇宙接收的是你的「振動」。你的思維，本身是一股能量的「振動」，當你發出這個「振動」，你也就是在「終極實相」裡，創造了那一個「結果」。

如果你願意，你甚至可以去想像「和她一同散步、聊天、生活」，以及她的「個性、想法、笑容、喜好」等等。這些都是你可以想像的「素材」，也是你向宇宙傳達的「條件」。

哈，那我豈不是可以任意想像。

是的，你的確可以「任意」想像。

你的身體，或許有行動上的限制；但是在你的「想像世界」，你可以無限馳騁。「想像力」，的確就是你的超能力。

好，就像你說的。我想像我「已經」有了理想伴侶。那麼，接下來呢？

嗯，在言語上，停止說：我想要找個伴侶；在行動上，去做你真正想做的事情。去尋找你的天賦，去執行你的天職，去活出此時此刻讓你覺得「快樂」的事物。因為，當你確信自己「已經」有理想伴侶時，你的下一步無非就是「活出你自己」。人們都以為，必須要找到「理想伴侶」才能夠「快樂」，甚至才願思索人生下一步。但是我在這裡告訴你，不需要等到「理想伴侶」出現，你現在就能夠「快樂」。

真正的「快樂」，僅僅只是一個「決定」，就是決定現在你「是」快樂。當你先是你自己的時候，所有其他一切都會到位。這就是所謂的「先愛你自己」。當你先愛你自己，去做自己真正想做的事，成為你真正想成為的人，過你真正想過的生活，那麼你就是與自己內在「真我」對齊，與「真正的你自己」對齊，那麼你的振動頻率會越來越高，因為你的「真我」是你的靈魂，而你的靈魂永遠知道什麼才是對你最有益的。

但……我就是沒感覺啊。我無法快樂。

快樂，不是指興奮地「蹦蹦跳跳」。而是你對自己的「心之所嚮」感到「確信」。你很清楚知道自己真正追求的是什麼，而你也跟隨著你的心走在道上。於是，你每天都在確信中起床，持續探索、嘗試、學習、創造、表達，乃之於一步步持續成為你心之所嚮的那個版本。

同時也對未來保持信任，信任一切都正在「成長」當中，都正在「成其所是」。你毋須為那些「看不見」的未來感到焦慮，你要做的，就是把握當下每一個黃金片刻，去做對你而言，充滿意義的事情。

這種「存在狀態」是一種強大的存在狀態。因為你正跟隨著你的「心流」行事。是你的心在持續引導你前進。你將會更投入其中、更參與其中、更享受其中、更成為其中，成為你之「心之所嚮」。

你甚至不需要去觀想些什麼東西，就只是讓自己專注、純然地待在當下這一個片刻，問問你的心：現在，我要做什麼？今天我要做什麼？

然後靜坐片刻，讓你的心來引導你，去做你直覺上想去做的事。這是一種不費力的創造方式，但卻又需要你強大的專注力去參與其中。

甚至也不需要你的專注力，當你越來越能夠覺察到「心的存在」時，你將會自然而然地投入其中、融入其中、專注其中、成為其中，成為當下你之所是，無論你所是的是正在進行任何事，你都可以輕輕鬆鬆地去成為它，表達它、創作它。

這個時候你可以說是全然活在當下這一刻的。

這怎麼行得通呢？

這無法不行得通。越是順其自然的東西越是行得通。因為生命本身有它的韻律與節奏。有時候相信順其自然與活在當下，才是你更好的選擇。

甚至，你的內在直覺會告訴你，這是行得通的。因為你已從頭腦軌道，轉換到心的軌道，而心的軌道正是你與整個宇宙接軌的軌道，你正活在與整體宇宙同步狀態下生活，於是你會體驗到越來越多巧合、奇蹟、禮物、啟發、洞見、見解，來到你身邊。然後當你一步步隨順下去，慢慢你會發現整個更大的拼圖。

什麼拼圖？

關於你「心之所嚮」的拼圖。也是你靈魂真正渴望的拼圖。

哇，所以這就是我找到自己天命與天賦的方式嗎？

是的。記住：任何外在於你的東西，都不是你的真理。你的真理必須由你的內在去找尋，關於你是誰、你想做什麼、你想表達什麼、你體驗了什麼，這全都與你自己有關，而對你自己有用的，才是真正屬於你的真理。即使你在某個時刻的領悟，與外在給你的既定真理有多麼的不同。甚至與你自己曾經所想、所思、所認為的，剛剛好完全顛倒。這都是你成為「真正的你自己」所需要經歷的旅程。

所以，每當你打算採取行動時，首先要問的問題，不是問別人該怎麼做；而是靜下心來，問問你的心該怎麼做。只要你願意問自己的心該怎麼做，然後跟隨你的直覺去做，根據當下熱情去做，那麼你就是走在正確道路上。

嗯，聽起來好像很玄。

不，一點都不玄。

我鼓勵你，這是你一生之中最有效率的「創造方式」。也是身為「意識」的你的「原始力量（force）」。不要管外界對你的評價，你的心才是你最好的嚮導。跟隨你的「心」，祂將引領你走向實踐的道路。

你以為《星際大戰》中的那些絕地武士，為什麼一直提及：「願原力與你同在（May the Force be with you）！」。難道不是冥冥中的某個力量，給了你們這位大導演-喬治．盧卡斯（George Lucas ）一個靈感，把「原力」擺在你們的大螢幕上，使你們「憶起（remember）」自己的力量嗎？

嗯，那不會是個「巧合」吧？

宇宙之中沒有巧合，任何事情的發生都不是隨便發生的。

心就是你的原力。而它真的永遠與你同在。善用它，常常與它同在。你就會越來越感受到自己的「原力」，而它將招喚你踏上自我創造旅程。

✽小小叮嚀：如何應用「正向思考的力量」

在你做出任何行動之前，都先在你的腦袋裡先去想像那「成功的畫面」。例如你正想和他人商討某事，你不知道結果將會如何。但若你事先在心中預演「成功的畫面」，那麼和你一起加入這場對話的另一方，也將因此被你提升。你們都會有個「愉快」而且「充分溝通」的體驗。

又或者，當你欲前往參加某些場合，或是參加某些考試。事先在你腦海中播放「成功畫面」，例如你雖未到達場所，但是你已預先在心中想像「你與對方交談甚歡」的畫面，這麼做將有助於你更加順利地完成會面。

這麼做之所以會有效，是因為人們每天都在穿越好幾個不同的「可能版本」。人們的生活實相是一連串能量構成的「光爆」，每當你早上欲前往公司上班時，在你還未踏出家門前，外頭就有「千百個」版本在等著你穿越。

你會走哪條路，你會遇見誰，你是否會在中途臨時折返，這都已「隨機」散佈在你接下來的可能境遇裡。我說「隨機」是因為當你無法預料時，你認為那是「隨機」。但如果你已然在腦海裡預先「想像畫面」了呢？你將大大提升了你之所欲之結果。

所以，當你出門上班前，或是進行任何活動前，都要「有意識」地去思考「你要的結果」。也許未必每次都會盡如你意，但是相信我，當你養成習慣時，你會開始看見它的威力。

第七章　創造之法—心是最好的老師

存在、思維、言語、行動

你可以再針對「創造之法」多說一點嗎？我聽不太懂。

好，我再解釋一次。但是有個前提，你要先答應我。

什麼前提？

永遠不要再說自己是「鹹魚」。

哈，那是開玩笑的啦。

你知到為什麼「鹹魚」永遠無法翻身嗎？

不知道。

因為「鹹魚」翻身之後……還是「鹹魚」。

不好笑。

好啦。現在要開始了：

「創造之法」主要是跟隨你的「心」去創造。而創造的三個主要工具就是「思維、言語、行動」。

嗯，這三個工具看起來似乎很平凡，沒有我以為的那種……就是……要「釋放」某種力量。

哈，我知道你現在正用「你的角度」來詮譯。我要請你暫時放下「自以為」所知道一切，來跟著我繼續看下去。

好。

創造之法的精隨在於跟隨你的「心」。

你的心會告訴你關於你的一切，包括你是誰、你想做什麼、表達什麼、過什麼樣的生活，你的心都會告訴你這一切。前提是：靜下來與你的心同在。

天天靜心，養成每天早晚十五分鐘靜心習慣，這是我能給你的最好建議。

每天早上起床靜心十五分鐘，晚上睡前靜心十五分鐘，把它當成你的「心靈鍛鍊」，那麼長久下來，你的心就會非常活躍，因為你天天與心在一起，你將越來越能感收到你的心。

當然，你需要時間來探索，什麼是關於你心的真相，什麼是你真正心之所嚮。這會需要時間來探索，因為你已長期處在物質世界的生活環境中，外在一切的聲色環境早已將你的注意力與頭腦佔滿，以至於你未曾深入去探索自己的心之所嚮。

還記得你曾走過的路，經歷過的失敗與挫折嗎？那些都是極有養分的，因為那標示出了你的心之所嚮，就在你知道這不是屬於你的一條路，你做出另外一個選擇，然後再去經驗其中。儘管來來回回，反覆經驗，你所做的都是在釐清你真正心之所嚮。

當你釐清自己的心之所嚮之後，接下來就是調整你的思維、言語、行動和你之「心之所嚮」對齊。那也會需要一點時間來鍛鍊你的思維、言語、和行動。

該怎麼做呢？

每當有一個新的想法來到你眼前時，就馬上去做，採取行動，不要讓理性頭腦去思考當中的合理性，就只是去做，先去做，去看看這個來到眼前的想法、靈感、直覺，或甚至是你認為的個人偏好，要帶你去到哪裡。

這是你需要鍛鍊的第一步，也就是翻轉你的思維。離開那個令你恐懼擔憂的頭腦，去看看每一個來到你心中想法的可能性，去探討每一個來到身邊建議的可能性，根據你的感覺，去嘗試每一個可能性。這是你保持走在正確道路上的第一步。

然後保持覺察，保持對每一個片刻當下，任何發生巧合之事的覺察，你會慢慢發現，似乎冥冥中有什麼正在引導你，給你當下所需的一切資源，包括你正在找的書、你正在想的人、你正在渴望的東西、你正需要的知曉。保持對這一切的覺察，那會增強你的信心。所謂羅馬不是一天造成的，信心也不是一天累積成的。

第二步，跟隨你的喜悅，持續表達你自己。表達你的喜悅，將你的喜悅表達出來，無論當下你想表達什麼，只要是讓你打從心底感到因喜愛自己的表現而感到喜悅之事，都大膽地、熱切地、當下地表達出來。

因為凡你所表達的，都是你向宇宙宣告的。而時間不存在，你正在經歷的是當下每一個黃金片刻，藉由每一個當下黃金片刻，你在創造未來。

因此當你持續在當下每一刻表達你最高喜悅時，你也是在創造未來最高喜悅。

這裡所含的「時間不存在」觀念，我會在後面再詳述說明。如何利用當下這一刻，才是我此刻想要表達的。要記住：當下這一刻，才是你真正擁有的時間，也是你的威力之點。你和任何世界首富一樣，都在當下這一刻創造下一個體驗，你在當下這一刻體驗什麼，也將影響隨之招喚而來的體驗。

所以，時間並不存在，或者說時間對你唯一的意義，就是持續在當下這一刻創造，創造任何你喜愛的事物，而你喜愛的事物將和你的「心之所嚮」有關。

第三步，行動。行動是物質世界的語言，沒有行動，沒有物質世界。

當任何一個想法來到你的心上時，採取行動。有時候你會懷疑行動的效果，也就是質疑每一個行動的結果，但是你要提醒自己：每一次的行動，都帶你更接近真理。什麼是真理，就是你的「心之所嚮」。因此，每一個行動都是有意義的，有價值的，不要否定行動，即使剛開始行動起來像似魯莽、生澀、懼怕，也要讓自己毫不懷疑地去嘗試，勇敢行動。

更深刻地說，所謂行動就是：做了再說。即使你不知道確切會發生什麼，但就是去到那裏再說，先站上那個位子再說，看看會發生什麼。這會讓你擺脫頭腦限制性信念，讓你更加隨順宇宙流動。這會需要一點勇氣。

當你結合了上述「跟隨你的心、調整思維、當下表達、勇敢行動」，你就是讓自己產生一種存在狀態（being），這種狀態是正處在的狀態，是你所是的狀態，而這個狀態對宇宙來講，是一個強大的宣告。這種狀態的你，是一個強大的磁鐵。

當你「是」某種狀態（being）時，你就會發出該狀態的「振動頻率」，藉由宇宙的「吸引力法則（The Law of attracktion）」，你會吸引來更多振動頻率與之相匹配之人、事、物。最終，你就會經驗到你心之所嚮之事。

這就是為什麼，當你跟隨你的心時，你的創造將是毫不費力的。這裡指的毫不費力，是指不耗費你的頭腦心力，而不是你的行動力。關於行動，你仍需行動，只是你的行動是隨順行動，就像你溯溪回程時，沿河而下，順流而行，那時候的行動是順著河流力量同步而下，你與河流合為一體，你是毫不費力的。

因此，關於創造之法的真正奧義是：跟隨你的心。

先去是（being），然後去做（doing），跟著你就會有（have）。這就是「是、做、有」的創造範型（Paradigm）。所有的關鍵都在於「心」。

先跟心在一起，你就是跟喜悅在一起。先跟心在一起，你就是跟平安在一起。先跟心在一起，你就是跟愛在一起。

當你先是喜悅、平安、與愛時，你會得到相同且更多的事物。

例如：當你先是富足，你就會經驗富足；當你先是健康，你就會經驗健康；當你先是快樂，你就會經驗快樂；當你先愛自己，你就會經驗愛情；當你先「是（being）」你的心，然後你就經驗到更多且相同的東西。

❀小小叮嚀：順著感覺走

心是你最好的老師。關於你的成長、渴望、目標、學習等等進程，心都會告訴你、引導你，關鍵就在於順著你的「感覺」走。感覺是人類最強大的官能，但是這個官能一直都被忽略。但忽略並不表示它不再有用，事實上它一直有用，只是人們選擇不去相信它，只是稱呼它為一種「感覺」。

感覺是來自於心的軌道，感覺是收到來自於心之軌道的訊息所呈現出來讓你的心智知曉的東西。所以感覺是如此隱諱，如此難以言喻，因為它不是頭腦產物，你無法具體表達它是什麼，你只能說喔：那是我的感覺，我的直覺，我就想要這樣做。

每當你去到某個地方、學習某些事物、從事某些活動時，感覺都會告訴你關於你在此的一切真相。比如說：你是否對於某些地方感到自在、你是否認同所學之物，你是否真心喜歡某些活動，你的感覺都會接露關於你當下的真實。

真實是一個很重要的東西。尤其你在自我成長路上，一定要對自已真實。真實會讓你少走很多無益之路，僅管在你的真實之中，有著你必需去讓自己經驗某些想法、表達、與作為，你也仍要以自我真實為優先。

例如：「自大」這個字詞，它不是這個社會所鼓吹的個性，但是這並不代表當你去經驗自己的自大時，你不會成長許多。反而是因為你對自已真實，對自己當下的所有情緒真實，於是你毫無保留地將自己的當下最真實的感受表達出來，儘管那有一點點的自大，些許的自大，或著超多的自大，這都無關緊要。真正要緊的是：你對自己的狀態隨時保持著覺察。

當你是自大時，你知道你自已正在自大，於是自大變成了你的工具，你正在使用「自大」來鼓吹自我，因為你覺得這樣很爽。爽的意思是高亢（High），你正因為讓自己內在能量流瀉出來而感覺到高亢，你覺得很爽。

這沒有什麼不好，先不要驟下判斷說：喔，自大是愚蠢的。不，關於自大的實情是：你正在釋放自己的能量。而你正體驗著自已內在最恢宏的部分。

但是保持覺察，覺察讓你不致迷失其中，覺察到你正在使用「自大」這個工具，你明白你為什麼此時此刻要用「自大」這一個工具，因為你知道此刻的你需要對自我抱有更多的肯定，尤其就在外在環境看似冷落時，你更要對自我保持更多的認知、愛、欣賞、與期許。

於是你會混淆自信與自大。但這都沒有關係，因為此刻的你，是覺察的，你並不會真的被自大帶著走，反而你需要自大，用自大作為推進你前進的動力。更有甚者，是你因為展現了自己自大的特質，你讓自己的自大就像樹上結熟的果子，從你內在深處萌發來，你感受過自大、享受過自大、看見過自大，你明白了自大的好處與壞處，你明白了自大可能傷人、你明白了自大的失言，你明白了關於「自大」的種種好與壞，因之你不再需要自大，於是自大就從你身上脫落了。

就像結熟的樹上果子，從樹幹上掉落了，你永遠不再需要自大，你從自大轉為自知、從自知轉為自信、從自信轉為行動，於是你又往前邁進一步，變得更加成熟。那麼這個所謂的自大對你而言，就不是愚蠢，而是養分。

這就是所謂的對自己真實。當你先對自己真實，你才能對他人真實。你無法不對自己真實，而對他人真實。凡你之所不是的，即便你展現於外在對他人而言是如何真誠，也不是你的真實。你所表現的只是為了符合他人期待的某些東西，這些東西卻和你的真實無關。於是你對他人所展現的東西，自然也是非真之物。

為什麼要提到真實。因為你必須先對自己真實，你才能進一步貼近關於自己的真相。而你的真相是你的心，唯有過濾掉任何疑慮，你才能真正靠近自己的心。那些所謂的疑慮，就是潛藏在你內心深處尚未被釐清的信念。

除非先自大過，你才能放下自大；除非你先活出過，你才能真正平靜。

所以，當你欲探究自心為何時，首先要做的，就是對自己真實。自己想表達什麼、想追求什麼、想成就什麼，都先仔細問自己的心：為什麼我想做這個，做這個是關於「我是誰」的表達嗎？那麼我又是「誰」，我為什麼在這裡，關於一連串的「我是誰」等等問題，都是你持續邁向真實自我的進程。而這個真實自我絕對是獨一無二的存在，也是關於你之存在的真相：即你是誰，你為什麼在這裡。

記住，關於你是誰，這是個沒有答案的問題。你必須讓自己跟隨自己的心走下去。但是不要活在頭腦裡，也不要活在外界的標準答案裡，而是跟隨你的心走下去。

最終你會讓心來告訴你，為你定義出「你是誰」，而這才是真正關於你是誰的真相。這個關於「你是誰」的真相永遠是獨一無二的，它需要歷程去活出來，於是你會有個叫做「生命」的歷程，這個歷程旨在為你提供一個脈絡，幫助你體認「自己真正誰」的脈絡。而關於「你真正是誰」的這個答案，只有你自己的心才能回答。

第八章　享受當下，一無所需

回歸自己真正本質

人生來到這個世界上，目的不是去追求無止盡的外在遊戲，而是回歸自己真正的本質。就像你觀察花朵，每朵花都是根據自己本質狀態，純然綻放，如果要說有什麼可以形容這個過程，那麼就是回歸自然。讓自己內在最本源的生命力，綻放出來。

這會帶來許多挑戰、衝突與迷惘，因為外在沒有任何一個答案是適用於你的。即是佛陀給出了標準答案，那個答案也未必適合你。

你曾見過剛出生的小狗，能夠像他們的父母一樣，安住在當下肩負起全然守望的責任嗎？不會。你不會見過這樣的小狗。所有剛出生的小狗，一定都是活蹦亂跳、興高采烈地活在這個世上，並且享受生命中一切能夠玩耍的事物。然而，到了某個年紀，小狗慢慢長成大狗，隨著經驗與生活歷練，他們慢慢成熟了，長成與他們父母一樣兼具愛心、耐心、與智慧的存在。

這是生命的自然節奏，人類也不例外。而我之所以用動物做為例子，是因為動物比人更能夠安住在自己生命節奏上，就像那花草樹木一樣，較之於人，這些動物、植物的頭腦並不複雜，更能安住在整體宇宙和諧之中，然後安然地展現本有生命力。

人就不同了。人有聰明的大腦，能夠判別所有的是非善惡、思前想後、追逐外在物質境遇，但也因為將自己的注意力過份投注在外在環境，因而也被環境帶走了。

當一個人的注意力被外在世界帶走，那麼關於他所是的生活，以及他所追求的生活，必然也會陷入無止盡的紛亂、焦慮、忙碌、壓力、痛苦之中，因為這是現今科技世代的現象，充滿快速步調，卻不知道自己要去哪裡。

因此，我們這一生來，不是要去追求某某身分、頭銜地位、或個某種短暫存在狀態，而是讓自己回歸當下，回到當下這一刻自己內心的真實。找到內心的平安與喜樂，這才是真正的幸福，而且是沒有人可以拿走的幸福，因為這和你擁有多少外在物質成就沒有關係，只和你是否知道「自己真正是誰」有關係。

當你回歸自己當下內心的真實時，你是安適自在，隨順而為，卻也漸漸在成長茁壯為那個本是的你自己。這也是一朵花成長的方式，沒有任何神奇與費力之處，就只是單單憑據自身內在的生命能量，綻放成為它自己。

人類生命究竟想要成為什麼，其實那個答案早已寫在每個人心裡，而每個人也會逐漸走回心的軌道，找到這些答案。同時也感到深刻的滿足。

這和頭腦投射的境遇不同。頭腦所投射的境遇，是外在物質世界所灌輸的成功表象，包括金錢、權力、地位、名望等等，當它們被灌輸進入一個人的頭腦，頭腦就會以這些為標準作為對成功之定義，然後傾盡一生投入那終究無法恆存的事物。

然而，物質成就並非是不好的，它有它的必然。因為在物質世界，我們大部分人仍需要物質能量來讓自己身體生存。但是在精神層面上，當頭腦追逐外在境遇時，一個人內心層面往往容易忽略，但恰恰好就是在這個心的層面，才能為我們每個人帶來喜悅、平安與祝福。

所以，當一個人活在世上時，不要去追求外在環境給你的任何身分，即使那個身份看起來如何光鮮亮麗，也和你自己內在更深的生命毫無關係。它可能只是你在付出一連串精神與身體勞力之後，所累積出來的物質能量，但是當能量消散時，一切都還是會回歸虛無。真正的豐盛，只有在自心的層面才能找到。而那恰恰好又是我們每個人本來都有的。

因此，當你回歸到自己心的層面時，你將有所不同。你會開始安住在當下，享受當下每一個片刻的喜悅，你會有熱忱去追求當下每一個你想要知道的答案，因為你不知怎麼的，就是有股隱約說不出的欲望，想要去探究自己內心渴望的疑惑，漸漸地，你會越來越投入，越來越沉浸，不知不覺地，你走入了自己的內心，你開始成為一個專家，或是對某個領域擁有更多洞見的人，你開始成為自己的大師，儘管你知道自己仍然還在成長，但是你已然更清楚自己生命的存在究竟是為何，你活出了一個充滿意義的人生。

就是這樣的一個明晰，你將自己帶入了生命成功的真諦：活出真正的你自己。

若說世界上有什麼是關於最成功的定義，我想那就是每個人在生命臨終時所做的最後回顧：你對自己這一生的成就滿不滿意、你是否曾經快樂地活在每一個當下、你是否感到平靜。但除非回歸心，否則頭腦無法回答這些問題。因為頭腦永遠都在掙扎，只有心才能夠回歸平靜。

一個活在頭腦追逐的人，最終一定會沮喪，因為它永遠活在未來，無法享受當下每一個片刻的喜悅與安寧，它無法安住在當下每一個片刻，同時卻又抱持熱切的激情，持續朝下一個能夠讓自己更加開悟的歷程邁進。

頭腦的本質是空虛的，你無法用一堆東西填滿那虛無，你無法用有限的東西，填滿那無盡的要求，而其所要求的永遠要求要更多，直到某天來臨，頭腦仍在齟齬時，心卻必須停止了。然而當那天來臨時，心仍必須去回答頭腦無法回答的問題。這個時候一個昭然若揭的答案就會揭曉了：心靈的滿足，永遠無法在頭腦中找到。

這就為什麼我說：追求頭腦成功的人，注定會失望，因為真正的滿足不是來自於外在任何物質層面，只有在心的層面才能找到。而對於心的層面來講，它也不需要去等到未來才能有所有收穫，反而心的層面只在當下，永遠在當下、這裡、現在。

亦即當下、這裡、現在的你，是否是喜悅、滿足、充實、並且越來越成為「真正的你自己」。這個「真正的你自己」所指的是「獨一無二的你自己」，不是某個外在任何別人版本的你自己。這種滿足、追尋與成為，是當下就能知曉的，同時也會不斷茁壯成長。

就像你知道你可能帶著某個使命來到世上，那麼這個使命標記了這個獨一無二的你自己，任何人都無法理解你為什麼對某件事就是如此充滿熱忱，為什麼偏偏要去做別人不會去做的事情，尤其是用外在物質條件來衡量的事情，有誰會去做那些看起來沒有利益的事情。

但是我在這邊告訴你：每件事情都有自己的利益，而最深的利益往往只有那些知道自己為什麼要去做它的人才能夠得到。因為這些符合他自己生命道路，忠於自己內在的聲音來表達關於存在的真相，那是他之所以存在這個世界的真相，哪怕是他這一生的所有作為只有那幾幅畫，卻也足夠滿足他自身靈魂渴望，這個人就是梵谷（Van Gogh）。

真正的成功，永遠不需要等到未來來衡量，而是當下每一個片刻你是否感到喜悅、充實、滿足、熱切、然後享受在當下每一刻的自我存在。這才是真正的成功。因為當你在最後生命臨終時，你會說：喔，太棒了，我度過了一段美好的自我旅程，我探索了關於自我存在的真相，我打過美好的一仗，我享受了每個當下，因為我是如此充實，乃至於我無懼於死亡，因為我靠著走入自心的軌道，現在我找到我的平靜。

這就是成功真正的定義：你是否越來越成為真實的自己。這個真實的自己，不是你想像的那樣，認為只要什麼都不做，就是真實的自己。不，如若你只是沉溺於生活裡，那是迷失了自己。所謂真實的自己，恰恰好和常人所想的顛倒，剛剛好相反；生命的活法剛剛好和我們頭腦認為的相反，人生猶如一副迷圖，隨著你內在覺知的打開，慢慢地把拼圖一片片拼回去。然後在生命的最後，你將看見自己那稱為生命的完整拼圖。

這就是所謂的生命藍圖。每個人都有自己的生命藍圖，那是早在我們來到世上就已建立好的藍圖，是我們選擇在這一個生世裡面，要去經歷的種種創造過程。每一位靈魂都是如此獨一無二，自然每一幅拼圖也是如此獨一無二。因此我在這裡提醒你：真正的成功，不是追逐外在的任何物質形象，而是回歸你的自心，完成你的生命藍圖。

然而，當你踏上自我生命藍圖時，你是否就必須放棄外在物質成就？不，你不需要放棄任何東西，外在物質成就只是標記出你在某個時期的成長經驗，那個外在物質經驗只是經驗，它不代表你。當你真切地回歸自我成長時，這些外在物質成就只是一個自然綻放的過程。這只是一個順序上相反的選擇，也就是先選擇你的內在，然後你的外在自然會綻放。

就像花朵一樣，當你投注全然的注意力於你的內在時，你內在生命力也會持續支持著你的生長，尤其在得到你的注意力關注後，你內在生命力將更加旺盛，因為別忘了，你不是你的身體，你是你的意識。凡是意識所關注的地方，能量就會投注在那個地方。

所以，在你拿外在任何事物作為自己生命的標準時，你首先要做的，永遠是忠於自己當下的狀態；問問自己，關於我自己的真相是什麼，我為什麼存在，我要做什麼，只因為我覺得我要這樣做，我選擇這樣做，這讓我感到滿足與意義，這讓我經驗到此刻我所是的自己；然後再下一個片刻，持續跟隨內心的渴望，繼續去表達你所能成為的更好的自己，然後持續再下下一個片刻，持續滿足自己正在做的事情。

這時候的生命，會是一連串充滿自我滿足的旅程。無論這個自我滿足是個人化的，還是世俗化的，重點是自己對自己所走過的每一個當下都感到滿足，那麼當終了來臨之際，你一定是喜悅的。因為你串連了當下每一片刻狀態，完成自我成長、實踐、與表達，而那樣的成就將不只是在心靈層次，也將在外在層次展現出來。

❉小小叮嚀：百害不侵

無論遇到任何事情，都要保持冷靜。並且告訴自己：我是百害不侵的。我不是我的身體，我是百害不侵的存在。任何損害，只可能是來自於內在自心恐懼的投射。當你選擇讓自己平靜下來，你就是選擇「風暴中的基督」，外在也會因你而平靜。

第九章 存在，無所不能

學會關注自己的意識

為了幫助你在自我成長、實踐、與表達上，如何能夠更加善用意識工具為你服務，我將用更鮮明的例子，來告訴你如何善用意識轉化實相，因為外在並沒有不變的事物，所有的一切都是能量，而你的選擇，亦即你所看往的方向，將成為你所經驗的實相。當你學會善用自我意識能量，你也將能更好地用於對自己生命與他人生命的服務。

告訴我該怎麼做。

好，切換你的「思維模式」。我假設目前的你，渴望成為「心靈大師」，成為「心靈大師」的職場達人？

好，這個「想像」挺不錯的。

首先，先在你的腦海裡「觀想（visualization）」你是一位心靈大師。

什麼是「觀想」？

所謂的「觀想（visualization）」就是指，在你的「腦海」裡形成一個「畫面」。在那個「畫面」裡，你「已然」是一位「心靈大師」的職場達人。

嗯，這好像有點難耶，萬一我無法觀想呢？我腦袋裡沒有畫面怎麼辦？

孩子，在這裡，我跟你分享一個重點：

達到一件事情的方法，沒有唯一的途徑。重點是你的「渴望」。你有多「渴望」完成一件事，你就會找到「成千上萬種」完成那件事情的方法。你的「渴望」就是一個強力的大磁鐵。

如果你無法觀想，那也沒關係。你可以找一張紙和一枝筆，寫下你「衷心渴望」的事物。

這樣也行？感覺好像是在寫祈禱文？

你要那樣想也行。總之，重點是你的「渴望」：你要用觀想、寫作、演戲、唱歌、跳舞、畫畫等，任何方式都可以。

就像我說的：

你有多「渴望」完成一件事，你就會找到「成千上萬種」，完成那件事情的方法。但無論你是用什麼方法，你都要按照，我接下來所說的「概念」去進行。好。

嗯，我繼續以「觀想」為例。因為「觀想」，是你們「意識」最直接地能量表現方式。它最接近創造力的「源頭」。

那……我要「觀想」很多次嗎？

當然，常常觀想會更好。那樣會更能夠讓你感受到存在的能量。之後；就是調整你的「思、言、行」與你的「願望」一致。無論你的願望是金錢、關係、健康、長壽、開悟或是等等之類的。

嗯。

接下來，我們繼續討論如何用「觀想」來創造：

你可以找一個靜謐的地方，坐下來，戴上耳機，聽一段能夠使你振奮的任何音樂。也許是輕快的、神聖的、慷慨激昂的、輕柔空靈的，只要你覺得「適合」就好。音樂，是一種強大的能量振動，能夠激發人心，它們和真、善、美、勇氣有關。音樂，不僅是創作人巧思，更是他們靈魂精神的展現，是一種非常高頻率的能量。

當你聆聽音樂時，不只心靈會受到鼓舞，也同時是和創作者的靈魂交談。你藉由音樂的振動頻率，提升了你自己的振動頻率。

而宇宙之中，最高的振動頻率，就是「愛」。所以，當你沉浸在音樂的慷慨激昂時，你的意識實際上，正處在一種神聖領域。在那個領域裡，你會感到滿滿的

「愛」。你的心將為之振奮、清晰、充滿希望。

哇，音樂有那麼大的功效喔？

嗯，音樂的確是個「良藥」。我建議你，為自己收藏一些很棒的音樂。如同汽車需要加油。你的心靈也需要養份。而音樂，就是你的「得來速」。

好喔。

接著，我要你在腦海裡，專注地去想像你「已」是一位「心靈大師」。我要你「刻意地」去想：當你是為一位「心靈大師」時，你會如何「所思、所言、所行」？

包括：

你開的車、穿的衣服、居住的房子、你的演講、你的笑容、你的肯定、你的自信、你的希望……等等。任何關於你自己對「心靈大師」定義，你都可以加進去，加進你的「想像」裡。

可是，什麼是「心靈大師」，我怎麼能夠想像那種「境界」？

去蒐集資料。

沒有人生下來就知道要如何當「心靈大師」。但是，在你們的世界裡，不乏很多「心靈大師」的例子。去找出這些「案例」，蒐集「圖片」，閱讀「文字」。看看那些「心靈大師」的人，他們是如何「所思、所言、所行」。「豐富」你對於「心靈大師」的觀想畫面。「豐富」你對於「心靈大師」的了解。「豐富」你對於「心靈大師」的感覺。你就會「知道」何謂真正「心靈大師」。

如果你想要是「心靈大師」，你就得把「心靈大師」當一回事。如果你想要「追逐夢想」，你就得把「完成夢想」當一回事。唯有你真的把「願望」當一回事，你「思、言、行」才會與「願望」一致。唯有「思、言、行」與「願望」一致，你才能與「心靈大師」的「頻率」一致。「頻率」一致，你就能吸引各式各樣的人、事、物來到生命中，幫助你成為「心靈大師」的願望。

因為，你是透過「同頻共振」的方式，吸引各種事物前來協助。並不是真的需要「奮鬥十年」，去成為「心靈大師」。你是你的「意識」，不是你的「身體」。你的「意識」才是真正的創造力。

哦，聽起來，一切都和我的「想像力」有關？

是的。也和你的「信心」有關。

當你真的把「心靈大師」當一回事，你就會調整你的「思、言、行」。並非要你馬上開播演講，因為你目前「現狀」就是正在變成。然而，你卻可以透過觀察，了解那些「心靈大師」者的「思維」。然後，仿效他們的「思維」，重新詮譯你「看待事情」的方式。

記住：

永遠是他們的「思維」，形成了他們的「語言」；他們的「語言」，造就了他們的「行動」。他們的「行動」，創造外境上的豐足」。

所有成功的企業家、科學家、哲學家、靈修者，都是這樣「活」出成就的。你要模仿他們的「思維」，與「看待事物」的角度。但不是模仿他們的外表。你要「感覺」自己就是「那了不起」的傢伙。在行為、語言、思惟上都對自己抱以充分肯定、無條件的信心、與自信。你就是瞬間調整了自已在思維上的「振動頻率」，因之而來的「相關資源」，也會一點一滴地被吸引到你的生活裡。然後，你就會成一位「心靈大師」。

哇嗚~

你要記住，所謂的「創造」，就是在目前狀態中，顯化你在宇宙裡已然擁有的東西。而最有效率的方式，就是先去到「未來」，讓「未來」替你引路。

當你是「未來」某個版本時，「現在」就一定會朝那個「版本」前進。身體，無法去到未來。但是你的「想像力」可以。

這就是所謂的：

當你想要從A點，移動到B點，你最有效率的方式，就是直接先成為B點。讓吸引力法則，為你鋪出路。一條直接通往B點的路。當你先是B點狀態，任何關於B點資源，都會「朝你而來」。你將收到的資料，都會和B點有關。這就是所謂的「效率」。

但是，如果你只想透過「行動」，從A點去到B點，那麼，你就得靠自己的能力，去尋找所有關於到達B點的資源。

一個是利用意識創造，一個是只用行為創造。一個是利用吸引力法則創造，一個是靠自己單打獨鬥創造。這樣你明白了嗎？就在你說你想要成為心靈大師，把「覺醒」帶給更多人時，那麼你所要做的就是：用「心靈大師」的思維去思考事情。

用「心靈大師」的眼光去欣賞事物。用「心靈大師」的熱情去善待他人。用「心靈大師」的勇氣去豐富世界。停止說：自己做不到。停止說：自己是鹹魚。你要觀察與模仿的，是那些「心靈大師」之人的「思維」。

可是我有時候會懷疑自己能力不夠？我仍有些東西是我不知道的。

的確，你目前的成長條件仍在發展中，沒有人是知道所有答案的，要為自己留點謙遜神學的餘地，這樣你會更快成長。但是你的「意識」卻要永遠保持正面；而你的「想像力」可以幫助你更具信心去成為你自己。

你看清楚了嗎？

永遠不要先求外在「行動」，因為「行動」未必帶來「成功」。你要先是「存在」，才去「行動」，「存在」會帶出「行動」。

這個公式是：先去「存在」，然後「相信」，並保持「行動」。

無論你想要成為什麼，都可以用這樣的公式去進行，讓「存在」帶著你去行動，讓「吸引力法則」為你效力。

你忘了嗎？當我說你是「偉大的意識」時。我實際上說的是：你是宇宙中的創造者，你的確擁有這份力量。你能事先決定你「想要的結果」，而不是被「結果」決定。這才是真正的「創造」。

很好，我了解了。你說的慷慨激昂，要喝杯水嗎？

不客氣，謝謝你。讓我繼續說：

別再說你買不起任何東西，而是去了解每樣東西的價值；別再陷入每件事情的批評與埋怨，而是去尋找各種解決方案。別再陷入一爭長短的競爭思維，而是專心去投入自我熱情的事物。

最重要的是：無論成功的「版本」有多少，你永遠都可以再創造出一個屬於你「自己的版本」。無論名人堂的「位子」有多少，宇宙永遠都可以為你再挪出一個「位子」。

嗯，你說的好像很簡單。真的這麼簡單嗎？

非常簡單！

而且，我還有一個「不能說」的秘密要告訴你。

不能說的秘密？你要用手語嗎？

不是啦。因為「它」真的無法被說出來。但它卻是一切創造的「關鍵」。

那是什麼？

情緒。你的「情緒」。

❈ 小小叮嚀：「存在」是你

這個宇宙裡，所有的物質與非物質，其本質上都是「振動能量」。而「存在」是一種強而有力的宣告。

我這裡指的存在，不單單是指頭銜，也包括你的身體狀態，例如：健康、財富、關係等等。當你先在意識中進入某種「存在狀態」，隨著那個狀態所產生的能量振動頻率，它會為你吸引來一連串相關的元素，最終會成為外在體驗到的真實情境。

例如：如果你夢想著成為外商企業的執行長，於是你努力學習英文，希望自己的英文能力能夠提升至足以勝任的地步。你有兩種方式來達到你的目標：

其一，是沿用舊有習慣的創造方式，就是把自已當作學生，一步一步學習。這時候你的「身分」沒有太大變化，你仍是你「自己」。你會把自己放在舒適圈裡，慢慢學英文。

另外一種，就是直接在你心中，專注地想像自己現在就是外商公司執行長。你不只是想想而已，你是非常認真且融入於你的「冥想狀態」，以至於你在心中能夠感覺自己就是那執行長。

同時，你不只是在心中想像，你也在外在表現出你就是執行長的行事方式。那麼你此刻的「存在狀態」將會和原先的你大大不同。你會整個人表現出身為執行長的行為模式。你會感覺振奮，並且用更認真的態度來看待自己學習英文的成效。遇到不懂的問題，你會用執行長看待問題的規格，來了解問題。

你對自己的「概念」徹底改觀了，你不再用失敗者的角度看自己，而是用成功者的角度來過每一天的生活。

也許剛開始你是在「假裝」，但是漸漸地你開始「變成」。更神奇的是，你會發現：機會之門開始向你敞開。這是因為你此刻的「振動頻率」開始為你吸引來相對等的情境元素。

不只是職場身分如此，關於你個人的健康也是如此。如果你每天很認真的想像自己是「健康快樂」的人，你的意識就會產生那樣的振動能量，然後吸引外在相關元素來到你身邊。

甚至，你的「想像力」也會引起細胞共鳴。因為我們身體的每個細胞都有自己的「智能」，他們都有自己的「大腦」，當你用想像力持續想像身體健康時，身體的細胞將會接受到你的「指令」，他們會開始動起來，修復自己。

當你這麼做時，也許你將意外獲得某個醫療機會，或是因為你的心情感到愉悅，使身體狀況開始好轉。所以，你的「心」很重要。當你的心相信某事物時，它會為自己創造出能量，那個能量不但會改變身體，也會改變你的行為模式，甚至改變外在的境遇。

因為，在更深的層面上，我們是自己的「意識」。身體只是一個工具，反映我們「意識」狀態，而「意識」是個「能量製造機」，當它利用想像開始製造能量的時候，能量本身的振動頻率，將改變我們的身體、境遇、與機會。

我鼓勵你每天都讓自己靜坐片刻，閉上眼睛讓自己回到自我的意識狀態。在那個狀態中，持續去想像你渴望的願景，無論它是什麼，都專注、且融入於那個情境之中，邊聽音樂、邊冥想也行。

只要你持續「靜心」，靜心會幫助你回到存在狀態，你將看見改變的契機。

第十章　永遠看見完美

情緒只是個能量罷了。體驗它，放下它

關於「創造之法」還有一個關鍵，這個關鍵就是你的「情緒」。

我的情緒？

是的。你知道為什麼你的願望，有的實現，有的沒有嗎？

不知道。而且我覺得，對我而言，重要的願望，至今都沒有時實現，唉。

嗯，「情緒」是其中的關鍵。

當你感到「正面情緒」，你就是朝願望「前進」一步，當你感到「負面情緒」，你就是從願望「停止」一步。如此「來來回回」，實際上，你是進一步、蹣跚一步。

為什麼？這跟我的「情緒」有什麼關係？如果一個願望會實現，就會實現。如果不會，關我什麼事呢？

的確關乎你的事。因為，是你的「情緒」來決定事情的「發展」。

很多人都以為，當他們許願完畢，或是禱告完畢之後，就沒有他們的事了。一切交給上天來決定。但是我告訴你，上天早已為你實現了願望。但是，要不要接收，則是操之在你。

我？我不懂。

當你在「觀想」之中，想像自己願望「已然」實現，從而感恩宇宙之時，你確實已經做出了一次完美的禱告。你之「祈請」，已「立刻」被完成了。

當然，在你的現實世界裡，你不會馬上看到成果。因為在「物質世界」裡，生命有其發展「歷程」，事件有其發展的「軌跡」。任何事情都有其「運作軌道」，不會馬上憑空出現。只是，當它正在「成形」時，你的肉眼看不見而已。

咦？為什麼你一方面說：禱告時，願望立刻完成。卻又說：它正在「成形」？

嗯，因為，它們在不同的「層次」上運作。

在你禱告過程當中，你的願望「振動頻率」，已經從你的內在維度，被送達宇宙之中了。而宇宙也在同時間，完成了你的願望。換句話說，你的願望已被實現。它被存放在你的「振動暫存區」內。你無法看見。因為，這一切都是在「終極實相」裡運作。然而，你知道在「終極實相」裡，是誰在運作嗎？

不知道。

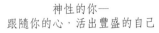

是你最深的「意識」。

你說的是「潛意識」嗎？

不，我說的是你的「高我」意識。

「高我」意識？天啊，你越來越玄了。

你不是在為我上「成功學」嗎？怎麼變成「靈學」了？

喔！小夥子！

你認為天地之大，所有事物的關聯性，真的像你們人類思維的如此這般破碎嗎？你們人類把所有事物都加以歸類，標籤，更糟的是，相互隔離。

你們的科學，否認玄學；你們的醫學，否認心靈；你們的自然，否認超自然。要知道，天地萬物，本為「一體（the One）」，所有知識，都通往真理，是人類，把知識一刀切，要這個，不要那個，把知識搞得「支離破碎」，把真理搞得「支離破碎」。而靈魂也跟著「破碎」，無怪乎，渴望幸福的人，永遠都在尋找那「失落的環節」。

如果我說，我要帶著你成功，陪你一起找回失落的力量。那麼關於宇宙的法則，勢必得讓你知道。

記住，在這裡我要再次分享一個重要的觀念：永遠是那些「看不見」的事物，在影響著你們「看的見」的一切。如果想要在「表象上」達到成功，那麼第一步，就是要先掌握「背後」那運作一切的「邏輯」。

什麼邏輯？

情緒。情緒就是其中之一。現在，讓我們再回到關於「無形存有」的你。

「無形存有」的我？

是的。目前你的這個「意識」，是「無形的你」的延伸。這位「無形的你」就是你的「高我」。

別小看你的「高我」，他是最靠近「本源」的意識能量，也是你實現願望的「神燈巨人」。祂就是你們一般稱呼的「靈魂」。

幾乎你所有的「願望」，都是透過祂投射出相關的「振動頻率」，然後藉由宇宙的吸引力法則，來完成。當你「祈禱或許願」完畢之後，你的「高我」也同時在「終極實相」層面裡面，為你訂製出了對等的「振動頻率」。

你吃過熱騰騰的雞蛋糕嗎？

有啊。這有關係嗎？

嗯。接下來是個很棒的比喻：

想像一下，當你在祈禱時，你的「高我」已為你「同步」訂製好了實現願望的「振動頻率」。那個「振動頻率」就是你此刻看到的雞蛋糕「模具」。如果你吃過雞蛋糕，你一定看過老闆把麵粉糊倒入雞蛋糕「模具」裡，來回翻轉，等到火侯熟成時，再打開「模具」，取出「雞蛋糕」對吧？

嗯嗯，是的。

同樣的：

你的「高我」創造關於你願望的「振動頻率」，是在你祈禱的當下就已完成。而這一份「振動頻率」，就像「模具」一樣，等待著「吸引力法則」把材料倒進來。也就是等待老闆，把「麵粉糊」倒入「模具」裡。並來回烘烤。你的「高我」只做一件事，一件神奇的事，就是為你創造出了那個願望的「振動頻率」，然後藉由「吸引力法則」完成一切。

因為你的「高我」已經太清楚如何利用「創造之法」了。甚至，就在你還未開口提出問求時，祂早已為你打造出了「模具」。然後，等著「吸引力法則」，把麵糊一點一滴，倒進願望「模具」。

這個「比喻」要說的是：你的「高我」早就將你「願望」的「振動頻率」打造出來了。此刻的你，就只要等待「吸引力法則」為你倒入麵粉糊，然後翻轉、烘培、取出「願望」而已。

哦，這麼簡單嗎？只要許願，「高我」都會為我完成？

是的。在你的「振動暫存區」裡，已經完成了好幾個「願望」模具。等待「吸引力法則」回應你「振動頻率」，為你倒入麵粉糊。「模具」已然存在，「吸引力法則」也不會失效，換句話說，你的願望，一定會被實現。這就是「高我」為你做的事情。

你的人生，其實可以許很多的願望，祈請「高我」為你執行。你的人生，其實可以是一場「饗宴」，祈請「高我」為你完成。

這麼好？那我就多多許願呀。

可以。

任何的願望，就在你提出「問求（ask）」時，「高我」就已同步回應了。但問題就出在你的「接收」。

我的「接收」？

是的。你無法干擾「吸引力法則」為你倒入麵糊。但你卻能，延緩「吸引力法則」倒入麵糊的速度。

我不懂。

還記得，我跟你說過「正向思考的力量」嗎？

雖然你的「意識」是從你的「高我」意識延伸出來。但不代表你沒有自己的

「自主性」。你仍然是個「貨真價實」的「自由意識」。你的每一個「念頭」都是一股能量，也具有「創造力」。當你的思維，朝向「匱乏」發展時，你所投射出的「振動頻率」，吸引的是「匱乏」。

但是「高我」的思維，永遠只朝向「擁有」，祂投射的「振動頻率」，吸引「擁有」。於是，當你的思維，與「高我」不一致時，你就會出現「負面情緒」。同理，當你的思維，與「高我」一致的時，你的感受就是「正面情緒」。你的「情緒」正提醒著你：此時此刻，你的思維，是否與「高我」一致。這就是「情緒」的功能。

哇嗚。

情緒，不是一個破壞性的東西。它是一種使你與「高我」連結的方式。

很多人情緒陷入低潮時，都會怪罪情緒。但其實，情緒只是提醒他們，此刻他們所進行的「思維」，是非常負面與陰暗的，和「高我」的思維完全背道而馳。「高我」的思維，永遠看向「愛、感激、欣賞」。所以，當你的情緒跌到谷底時，正表示你的思維，在為你吸引不好的事物。

所以，不是情緒使人崩潰。而是人的思維，使人崩潰。因為你思維什麼，什麼就會進入你的生活。尤其你思維什麼，什麼就會成為你的人生。情緒，只是一種警示。告訴你：此刻你的思維，是正向的，還是負向的。

那麼，這跟我的「願望」有什麼關係呢？

當你的思維看向「匱乏」時，你的念頭，就是在吸引「匱乏」。由於，你的「意識」，是這個「物質世界」裡的「主角意識」。你的「念頭」會被「吸引力法則」優先回應。所以，當你在為自己吸引「匱乏」時，實際上，你延緩了「高我」為你實現的願望。

在願望的路上，要嘛，你和「高我」同步；否則，你就是進一步退兩步。

不可能啊~我很渴望我的「願望」啊！我怎麼可能還會選擇「往後退」呢？

會喔，因著你的「負面思惟」。有幾次，你曾抱怨，「願望」還沒實現？有幾次，你曾埋怨，「收到」不是你想要的？有幾次，你曾將注意力看向那「半空」的杯子，而不是「半滿」的水？

記住，所有使你產生「負面情緒」的思維，包括「批評、埋怨、不耐、沮喪、挑剔」，都是吸引「匱乏」的主因。

那我要如何才能避免「負面情緒」？

你要避免的不是「負面情緒」，而是調整「思維」。「情緒」只是一個警鐘，告訴你，此刻你看往的方向是哪裡。當你感受到負面情緒時，你所要做的就是調整

「思維」。

那我要如何調整「思維」？

嗯，靠一句話。

哪句話？

「在任何境遇上選擇看見其完美，凡你選擇去看見的，就會成為你的真實」。

※小小叮嚀：平安是你的本質

情緒只是你思維的產物，真正來講，你的思維比較重要。

當你不知不覺在思維負面事物時，你的恐懼情緒會告訴你：此刻你的思維正在導向匱乏。而你的思維是有創造力的，當你導向負面思惟，你就正在創造負面實相，而情緒作為一個警鈴，它於此際敲響了你的警鐘。

所以，不用害怕你的負面情緒。你真正該關心的是，如何讓自己成為一切事物的「因」，而不是被動、無力地成為事物的「果」。

記住：要成為你所經驗之事的「因」，而不是果。那代表無論何時，都要用你的意識主動去創造，相信意識創造的力量，熟練意識創造的力量，善用意識創造的力量。

那麼你就會發現，你自己永遠對生活掌有主控權。你是自己人生的主宰，你是自我世界的造物主。

當你是如此的時候，你就不會被情緒勒索了。因為你已看清楚，所有事物的源頭都來自於你內在。當你於內在重新創造時，你也等於間接創造了外在。

這個世界永遠是能量的交融、互動、協作。除非你保持沉睡，否則別人無法干涉你。但是當你主動拾起意識創造的力量，你也等同於宣告了你是自己情緒的主人。負面情緒之所以會發生，往往來自於你誤以為自己沒有力量。

這個時候最好的方式，就是讓自己靜靜坐下來，放空你的腦袋。讓你的心與你的內在覺性「校準（align）」。

方法很簡單，就是靜靜坐下來，其它什麼都不要做、不要想。讓自己專注於「在」的狀態，那麼你的「內在覺性」就會浮現。宇宙本源能量就能快速療癒你，讓你回到正向的情緒狀態。

第十一章 心・信

當以信心行走其上。如履冰薄、如依盲杖；不以眼見，全憑信行。一切成就，如是成辦。

等等，這不是一本關於成功學的書嗎？怎麼越來越像一本「形上學」的書啊！

孩子，稍安勿躁，關於成功，你還有最後一個「條件」要把握！

什麼條件？

信心。

那不就是要我去相信一件事情嗎？這有什麼難的？

你覺得呢？

我覺得一點都不難。我相信啊！

嗯，我知道你此刻相信，但是下一秒，你會發現，你的疑懼會再度出現。因為你是在用你的「小我心智」看世界，而如你所見，你的世界是目前你所看到的樣子，在目前的狀態中，你無法說服你的心智去相信一件「尚未看到」之事。

也許你說你相信，但那是針對此刻你在概念上的明白，所以你說你相信。但是當你抬起頭來，放眼望去現在你所見的世界時，你的疑懼將再度上臨。因為你的腦袋，是你心智的產物。而你心智的資料來源，是你目前放眼所及一片「無」的世界。如果你只用眼見為憑，那麼你永遠無法克服恐懼。

我不懂你在說什麼？

好，讓我解釋接下來我們要上的最重要的一堂課：信心。

嗯，我以為我們早就開始了！

哈，先讓我鋪個梗嘛！

哈，我知道了。那我們開始吧！

好。記住：

在外在的世界裡，你永遠無法找到屬於你的力量。因為外在之於你，它永遠是你的「對比」。如果你是最棒的，那麼外在的一切，就是「次於你」的。

你可以把這句話解釋清楚嗎？

好的。

就以你目前的「事業」為例。你放眼看過去，你能看見任何的成就嗎？

不能。因為我的事業才剛剛起步，所有的事情都還在籌備中，都還在建置中。

嗯，也就是說，你目前的事業藍圖，還僅僅只是你心中的一個「願景」而已囉？

是的。目前的確只是我心中的「願景」。或著，也可以說是我的「一廂情願」吧！

不，孩子，不是「一廂情願」。你之所以會用「一廂情願」，是因為你尚未真正明白關於「創造的歷程」。正如，你尚不明白你自己是何等的「偉大存在」。

一件事情，當它還沒去到完成之時，你只能看到起步階段的蹣跚而行。但並不代表在這牙牙學語的階段，沒有值得肯定的存在。若是你後退一步，用更大的視野來看待你事業的「整體過程」的話，就像你從更廣的視野，將美麗的大橋，一收眼底。你會發現，吊橋的「整體構造」，是如此完美。

一環接著一環，一個部分構著另一個部分。每一個部分，都是如此完美，乃至於整體看起來，更顯得莊嚴華麗。

嗯，那也要我能看到「全貌」才行啊！

沒錯！問題就在這裡。你無法看到全貌。

是呀！如同我現在才剛事業起步，我又如何能看到最後的結果呢？

孩子，這就是你與我的不同。在我的位子上，在我所屬的位子裡，我能看到關於你事業的全貌，而且不只是最後的結果，我還能看到關於你每個創業的「片段」。

怎麼可能？你是說你有超能力？

你們每個人都有超能力。

究竟你是怎麼看到的？

因為我處在不同的視角，觀看著你的人生。而且我告訴你，關於你的事業，有好幾個版本。

他們有幾個版本？

無限。

無限？

是的。隨著你念頭不斷改變，你事業的未來版本，也就跟著不斷進化。

它們是好是壞？

嗯，全部都是好的。

呼，那我就鬆口氣了。

孩子，在這裡，我有一件事要提醒你：不只是事業，還包括你人生中的所有渴望，你永遠都無法失敗。

為什麼？

因為你永遠會在每一個「不是」你的環境中，創造出關於你所「是」的下一個偉大版本。生命的設計本身也不包括失敗，每一次經驗的嘗試，會帶你導入到下一個更宏偉的經驗層次。如是進化，事實上，你們全都會成功、平安圓滿回家。因為你們所有人的幸福都是被保證的了。

我們以你目前的事業為例：你說你想成為一個心靈大師，現在你的事業剛起步。

是的。

那麼現階段來講，你得對「心靈大師」有一定程度的了解，是嗎？不只如此，你還得對「心靈領域」也有了解。

嗯，這是一定要的。

好的，孩子，你看出其中的「對比」了嗎？

你從一個初出茅廬的新手，為了跨過「專業知識」門檻，你以自我進修的方式，成為了一個了解「心靈領域」的人才。

你從原本的「不是」，一躍而成為「是」；你從原本的「無知」，一躍而成為「知」；你從原本的「疑懼」，一躍而成為「勇氣」；你從原本的「新手」，一躍而成為「熟手」。看出來了嗎？這不僅僅是對於你事業的「描述」，也是關於你整個人生的「描述」。

生命，是一個進化的過程。你的人生，也是個進化的過程。你的靈魂，為了體驗自己最偉大的版本，它不斷在每一個「不是」的境遇裡，尋求成為「更好的自己」。

生命進化的方式，就是藉由招之前來的每一個「不是」，縱身一躍成為「是」。所以，在你的人生裡，沒有失敗這回事。因為，生命會尋找出口。當生命面臨挑戰時，強烈的生存意志，會讓生命把全副的注意力放在「求生」的意志上，因之所有的恐懼，都會從它身上褪去，生命強烈的專注意念，將為自己創造了一個生存的出口。

這就是你們電影《侏儸紀公園》的那句經典名言：「生命會找到自己的出路（Life will find its way out.）」的意思。

哇！你真的很厲害，這樣都能引用電影台詞。

因為你喜歡看電影呀，所以用經典名句來映襯，會讓你對我說的論點更有感覺。所以，在這裡你要牢牢記住一件事：

「永遠不要詛咒來到你眼前的挑戰，而是去發掘埋藏在其中的禮物。」

永遠不要認為事情就是這樣子了，反而是去做出聲明：事情經由你，還可能是另一個樣子。不只是目前這個樣子，經由你，你能給它另外一個樣子。

「永遠不要去詛咒黑暗，而是成為黑暗裡的光。」

最重要的一點就是：你不只是你的身體，你是你的靈魂。靈魂永遠都在尋求進化，所以沒有一件事是可以將你打敗的。你永遠都可以在每一個挑戰上，成為更好的你自己。這就是關於「生命，沒有失敗這回事」。

好勵志喔！

那當然，我是來傳授你幸福的「心法」啊！

✻小小叮嚀：相信更高層面運作機制

在物質領域裡，願望的「顯化」是需要時間的。但是，看不見的，不代表沒有在運作。我們無法看見那更高層面的運作機制，但是我們知道，我們是與神一起「協同運作」。

我們應該把眼光放在「時機」，而不是「時間」。相信「我們所願之事」會在對的時間、對的地點、來到我們眼前。

在這裡，我分享一個於眾多創造大師中，最常使用的方法，希望能夠幫助你加快願望顯化的速度：

每天當你清晨起床之前，先不要睜開眼睛，先躺在床上，然後觀想一次你的願望「已然實現了的畫面」。將願望全部觀想完畢之後，再起身下床。

因為，當早晨甦醒之時，是靈魂重新回到肉身之時。那個時候的靈魂，剛從宇宙本源意識返回，能量充沛，有助於你在意識層面的運作，注入更多能量到你「願望」上。提升你的顯化能力。

第十二章　當下即是永恆

你無法窺探永恆，但是你可以抓住當下

好，讓我們再回到你的事業。

的確，在你目前現階段來看，你無法看到事業的發展全貌。因為，你們是身處在「三度空間」的次元理。在你們的空間裡，你們有「時間與空間」這兩個元素。所有的創造過程，都必須經由「無」到「有」，所有的創造階段，都必須經由「這點」到「那點」，所有的創造時程，都必須經由「此刻」到「彼刻」。這就是關於你們人類次元的「創造歷程」，就以在你們人類所謂的「時空」環境裡而言。

天啊！那你在什麼次元？

我在「終極實相」裡，我在全部的一「點」裡，也在一點的「全部」裡。我在你桌上的那個杯子裡，也在那杯子的全部世界裡。如你們佛陀所說的：「一沙一世界」。

天啊，「一界一天堂」？

正是，愛的子，孩子。

那……你到底在哪裡？

我在「終極實相」裡。

「終極實相」在哪裡？

想像一下，你手上有一顆果仁，你可以將它對半切，然後再對半切，接著再對半……，無限切下去，直至你肉眼看不見為止，你仍可以拿光子儀器來切，繼續切下去，直至無限小。

想像一下，在你們的銀河之外，還有一個更大銀河，將你們包圍，然後之外，還有一個更大的銀河，將你們整體包圍。

「終極實相」，是個「無限（Infinity）」的概念，也就是「無處不在，處處都在」。套一句《露西》說的：I am everywhere（我無所不在）。

天啊！又是一句經典台詞。那是法國導演-盧貝松，執導的作品《露西（Lucy）》。

很好，有概念。

你們當中有很多大導演，都擅長用想像力說故事，他們能夠跳脫心智限制，盡情用想像力詮譯故事。於是他們的大腦，也特別容易「讓靈感進來」。

當「無限」吸引「無限」，還記得我說的嗎？「同頻共振、同質相吸」？他們對於「終極實相」的概念，也就因此有了驚鴻「一瞥」。

嗯，但「終極實相」到底是什麼？

它是「無限」。

「無限」是什麼？那是個無法想像的概念。

那對我又有何益？我是說，「無限」對我而言，又有何益？

有，就是你看待「無限」的方式。

我？那我應該如何看待「無限」？

回到你的「當下」。

當下？

嗯。你知道嗎？如果你要抓住一件事情的全貌，你要做的就是，抓住它的兩端。如果你無法抓住它的兩端，起碼也要抓住其中一端。因為當你抓住其中一端，你就是抓住了那件事物的本身。如同你抓住了蛇的一端，你就是抓住了那條蛇。而「終極實相」的概念，與你的「當下」有關。

所以你沒聽過嗎？永遠回到你的「當下」。「永遠」回到你的「當下」，「永遠」來自於你的「當下」，「下一刻」來自於你的「這一刻」，你無法抓住「永遠」，但你可以抓住「當下」，你無法抓住「另一端」，但你可以抓住「這一端」，你無法看見「永遠」，但你可以抓住「當下」，因為，這兩端，都是利基在同一個本質上，這個本質就是「生命」。「生命」永遠都是從「當下」開始，而以「無限」告終。

當你抓住其中一端，其實你也就抓住了那個本質。如同，當你抓住了蛇頭時，實際上，你就是抓住了那整條蛇。包括牠那「無限」長的尾巴。

所以，懂了嗎？

孩子，你不必去抓牠那「無限」長的尾巴。你不必去了解「無限」的概念。你只要抓住牠的「頭」，你就抓住了整條蛇。你只要抓住「當下」，你就抓住了「無限」；你只要抓住「當下」，你就抓住了「永恆」；你只要抓住了「當下」，你就抓住了「終極實相」。

哇！你讓我想起一句經典廣告標語「當下，就是永恆」？

是，無限個「當下」就是「永恆」。

「當下」是你能觸及的，「永恆」是無法想像的；但是，你可以用一條繩子來抓住兩者，「當下」在你這一端，「永恆」在另外一端。

喔，所以我現在拿的是「當下」這一端，同時，我也舉起了另一端「永恆」？

是的，這就是「終極實相」的概念。

「當下」被你拿起來時，「永恆」也同時被你拿起來了。「當下」被你創造時，「結果」也同時存在了。沒有先與後，一切都是「同步」存在。

你是說：「當下」我創造了某個東西，關於那個東西的「結果」，也同時存在了？

是的。這就是我在「終極實相」裡的視野。

我們無法窺探永恆，卻可以抓住當下，我們不必去到未來看結果，只要我們抓住當下的正面思維，那麼未來的結果，也就是我們所預期的。

永恆的意義，在於它是否能夠彰顯我們想要的結果。雖然我們無法預測未來，無法窺看未來，但由於「當下」是「永恆」的起點。「永恆」是「當下」的無限延伸。

只要我們在當下保持「正面」思維，我們就能預期「永恆」的發展，朝向我們想要的結果。而這一切，人的肉眼無法看見。只能憑「信心」行事。

「正面思維」是大腦，「信心」是腳步，「夢想」是旅程，「滿足」是終點。「願望」是下一個開始。

生命是一個擴展和進化的旅程，如同宇宙一直在膨脹它自己。在更高的層面上，我們都是那看不見的無限生命，在自我進化之旅中，持續豐富著自己的生命。

❊小小叮嚀：跳脫時間

假設，你只剩下十五分鐘，你沒有其他選擇，你必須趕上某個赴約。你可以試試這個方法：不看你的手錶，把「時間」拔掉。然後用你全副心神，專注於你的每一個行動。

不是要你慌慌張張，而是靜下心來，從容以對。該做的就做，可捨的也不必多停留，讓自己就像流水一樣，順流前進。

你會發現，當你真的專注於「當下」時，你似乎把「時刻（moment）」拉長了。你是活在那一刻（in that moment）裡面。

或許，很神奇的。你竟然「準時」赴約了。

第十三章　進化之路

生命永遠在持續演化

讓我為你換個視角看人生：

關於你「英雄之旅」的每一個影格，都在屏幕上被「同步」播放著；關於你「人生歷程」的每一個階段，都在屏幕上被「同步」播放著；關於你「創業歷程」的每一個階段，都在屏幕上被「同步」播放著；我能看見你事業的「現在」，也能看見你事業的「中期」，更能看見你事業的「結果」。

而且是全部同時觀看，因為在屏幕上，他們全部同時播放。這就是我在這裡，看著你那個次元的「視角」。這就是我在「終極實相」裡，看著你那個「時空」的畫面。

哇！所以你能看到我的過去、現在、未來？

是的。

而且你也會看到。當你結束了這段人生旅程，重新返回「終極實相」裡時。你也會和我一樣看得明白。

等等，你是說，我也會「回」到你那個位置？

是的。一如你從我這個位置，去到你目前所在的那個位置。你也將從你現在的那個位置，再重新「返」回我這個位子。不過，那不重要，重要的是，你現在正處在你的「位置」。你的「位置」，就是這個「有形世界」。你的位置，就是這個經驗時間與空間的世界。

我？為什麼我會在這裡。而你在另外一個世界裡？

因為，你正在進行一趟關於你的「英雄之旅」，你正走在一條關於你的「進化之路」上。

不過你不要誤會，「進化」並不是相對於不好，而是用來指稱你的「無限」偉大。

我的「無限」偉大？不懂。

好，以下是關於你是誰的「真正面目」：

你本身就是一個「偉大的意識存在」。

在你還沒來到這個有形世界時，作為一個「無形的你」，本身就是一個「偉大的意識體」。你是永恆宇宙意識的一部分，你的本質和永恆宇宙意識一樣，你們是同質的，你們是一體的，你是那「無限大」的其中一部分，祂透過你，擴張著生命；如同你透過你的身體，感受著你的人生。

你是祂較小的一部分，但是你的光輝同等於祂，你的神聖同等於祂，因為你就是祂。

祂透過你內在的維度，不斷流向你，成為你，並藉由你，拓展了祂自己的生命，藉由你進化了你自己，祂也進化了祂自己。祂就是你，你就是祂，你的「本來面目」就是那宇宙萬有，你是一切的全部。

你為了體驗自己的神性，你將自己幻化成了無限個、較小的「你」，並藉由「無數個、較小的」你「自己」，去經驗所有的生命。

為了徹底體驗你自己，你選擇遺忘原本的你，成為一個「嶄新的你」，一個「嶄新的、較小的」你，你賦予了「自己」，一個真實的「生命經驗」，去活出你自己的「偉大」。但其實你的「本來面目」，就是那宇宙的源頭，就是那「本源、造物主、神」，你就是那宇宙萬有的「唯一（the One）」。

這就是你的「真實身分」。這才是你的「本來面目」。

所以你有心想事成的能力，你有無限想像的能力，你有說「是」就「是」的能力，你有創造「奇蹟」的能力。

等等，若真像你說的這樣，那……為什麼我不覺得？起碼，沒有如你所說的「心想事成」能力？

有，你永遠有「心想事成」的能力。只是在不同的次元裡，因著不同的創造歷程，你有不同的「體驗」方式。

在「終極實相」裡，你想什麼，什麼就會出現，真的完全符合你說的「心想事成」，如置身「天堂」。

但是在你的次元裡，在你目前身處的時間與空間裡，你的創造歷程包含了時間與空間，你的創造是一個持續演化的過程，是一個持續活出的過程，是一個持續變成的過程。

所以你體驗「心想事成」的方式，並不如你所想的那樣：「立即擁有」。但到最後，你確實會「擁有」。

由於我們的世界不同，體驗也各異，但是我們所共同具備的能力是一樣的，即「心想事成」。然而，因為你無法在自己的視野裡，即刻看出那「全貌」，所以我才提醒你，「信心」之於你，是何等重要。

如同我所說的那句話：

當以信心行走其上，如履冰薄、如依盲杖；不以眼見，全憑信行；一切成就，如是成辦。

※小小叮嚀：善用因果

用一張紙，在上面畫一條由上而下的「直線箭頭」，然後在那條直線上，畫出許多「四方形」依序由上至下，層層堆疊。

現在，那條「直線」就是所謂的當下「一刻」，而沿著「直線」垂直而下的堆疊「四方形」則是你所經歷的每一個「片刻」。

然後你把這張「圖」翻轉成水平角度，讓「直線」成為「橫向」穿越「堆疊四方形」的箭頭。

這樣你看出來了嗎？

當你在這個物質世界時，你感受到的是沿著「時間序列」穿越時間。你從「因」沿著時間線，一路走到「果」。你體驗了「時間」與「空間」的特性。然而，當你把紙翻轉回原來的「垂直」畫面，那個才是「終極實相」。在「終極實相」裡，「因」與「果」是同時存在的。當「因」一出現時，「果」即同步存在了。

如何善用「因果並存」這個智慧：就是先在心裡與「果」同在，然後「因」會出來。

例如：當你面臨到一個問題，你最好的方式，不是去解決那個問題。而是讓自己靜下來，讓自己與那個問題同在。所有問題的答案，在宇宙裡其實早就已經存在了。而你所做的，只是讓自己的心能夠接收到答案而已。

所以真正的發明家，

他們不說：喔，我發明了這個，他們會說：喔，我想到了這個。

第十四章　徵兆與線索

心想事成即是：讓心帶著你做而事成

在你的位子上，你看不到關於每一個念頭的結果；但是，在我的位子上，我可是看得「一清二楚」。

所以，每當你許了一個願望，我就會提醒你要保持信心：因為，就在你許願的同時，關於願望結果，也同時在「終極實相」裡出現了。

當然你無法知道。但此刻的我，早已看見了你的勝利，而歡欣吶喊。但我不會、也不被允許向你提前透露「結果」。

為什麼不？為什麼你不能提前透露「結果」？

關於你的「結果」，事實上有無數個「版本」。你的每一個「念頭」，都會對應一個「結果」。而它們都同時在「終極實相」裡顯現了。我能看見你全部的結果，但我不會去期待你會是那一個結果。

因為每一個結果，都受到此時此刻你思維的方式，不斷出現。我只能說，你最終會經驗的結果，將是你那最深具信心的結果。所以我才說，信心對你而言，是非常重要的。

信心，決定了你是否會經驗到你想要的結果。

你知道嗎？如果你說你想去買一罐可樂，當你走到樓下超商時，你也可能在冰櫃前，改變主意，臨時更換決定改喝奶茶。這就是你最後經驗的版本。你懂嗎？

你是擁有「自由意志」的生命，我不能、也不被允許去「主導」你的生命歷程。如果我提前告知了你「結果」，那麼這就違反了生命進化的法則。生命是一項關於你是「誰」的持續進化歷程，誰也不能干預它的進化「歷程」。如果我提前向你透露了結果，也會削弱你成長的力量。

記住，在你的世界裡，生命是個「整體之歷程」。

但我可提醒你的是，當你說你要去某個目的地，你會收到很多「徵兆」與「線索」，引導你保有信心，持續前進。但最終的結果，仍得由你親自去活出來。如此，你才能真正地，體驗到你自己的「偉大」。

我要告訴你：關於你的每一個願望，每一次祈禱，每一種問求，它們確實都在「終極實相」裡，立刻得到「答覆」了。只是在你的世界裡，你仍會經驗到「時間」的概念，但那是因為「整個宇宙都在向你移動」，等待「最完美的時機」向你展現「結果」。所以，當你還未能見到這一切是如何運作之時，你所要保持的就是「信心」。

然而，你們人類最常出現的反應是：當你們無法在「短期內」看見結果時，你會開始對「結果」產生「懷疑」，因為你們認為自己面對的是一場未知的遊戲。對此，我要提醒的是：千萬別掉進「疑懼」陷阱！我告訴你們，你們面對的不是未知的遊戲，而是一場，由你說了算的遊戲。關於「疑懼」何以是陷阱，我說明如下：

就在你許願之後的下一秒，你又生出了另一個念頭：你懷疑自己無法得到你想要的，於是你為自己創造了第二個版本，這個版本就是「你無法得到你想要的」。

但你知道嗎？你相信什麼，念想什麼？注意力擺在哪裡？最後你會經歷到的，就是那最相信的、最念想的、最注意的。

於是，僅管你一開始事業起步時，雄心壯志，滿懷熱誠，認為自己一定會成功。但如果在中期，因為一些挫折，而開始灰心喪氣，擔憂恐懼、害怕失去，從而頻頻看向恐懼的時候，宇宙就會再創造出另外一個與之相關的版本，這個版本就叫做「你無法得到你想要的」版本。

所以很多人都說，往往「最害怕的事物」，偏偏就是他們「最常遇到的事物」。

是喔，那……那……我如何扭轉自己的版本呢？

嗯，保持信心，永遠保持信心，並且持續看向你心中最想要的版本。

然後傾聽你的情緒，感覺此刻情緒是正面的，還是負面的，並且，永遠保持「正向思考」。

那……我還會面臨挑戰嗎？我是指挫折？

一樣，永遠正向思考，永遠去看向你心中「最想要的結果」。藉由你「當下」的思考，你能「扭轉」未來的局勢。要知道，所有來到你生活中的挑戰，都是你之前的念頭所創造之結果。

結果本身，不好不壞，端看是否是「你想要的」。如果不是你想要的結果，那麼你就再重新創造一個。

在當下，重新再創造一個你想要的結果；在當下，重新再想一次，你想要的結果；在當下，重新複誦一次，你想要的結果。那麼，你就會再次創造你想要的結果。

記住，人生的真諦，就是：

「在每一刻當下，重新創造關於你是誰的下一個最偉大之版本。」況且，無論你做出任何宣告，你一定會「心想事成」。

你無法不「心想事成」，因為你不只是你的「身體」，你還是你的「意識」，而你之意識「本質」，就是那偉大的宇宙意識「本源」。

你是那「偉大的宇宙意識本源」之「較小一部分」。但是你與祂是同樣質地的，你與祂是同樣具備創造力的。

所以你的意識，能夠充滿想像力，所以你的意識，可以製造任何念頭，所以你的意識，能夠思考「過去、現在、與未來」。而你的念頭，永遠是創造實相的「第一因」。也就是說，任何當下此刻你所經歷之處境，都是來自你曾有過的每一個念頭；但也因此，任何當下此刻，你所經歷的處境，你都能用另一個念頭，再次創造。

無論你「願望什麼、祈禱什麼、計畫什麼」，你都能重新創造。你知道嗎？我與你的共同點就是：我們都能「心想事成」。

那為什麼我看不到？為什麼我不能像你一樣馬上看到結果？

喔，孩子，你知道嗎，你之於我更為「讚嘆」之處，就是：你能實際「經驗」偉大，而我只能在「概念」上了解偉大；你能實際「活出」偉大，而我只能在「認知」上了解偉大。

你是「活潑潑的生命」，你是「有笑有淚的生命」，你是能實際經驗「生命」的生命，這就是你之於我更為「讚嘆」之處。

你在你世界裡，經歷著自己的「英雄之旅」。時間與空間，以及那所有的一切一切，都是為了成就你之偉大，而被招喚來的幫襯角色。在你之世界裡，會有惡龍、魔法、巫師、權杖、矮人、公主、王子、夥伴，還有那些你看起來是崎嶇蜿蜒的路程。但這些都是因著你的偉大，而被置放在你生命中不同階段的禮物。目的就是透過這些你所「不是的」，重新創造關於你所「是」的。

你看出來了嗎？你正在經歷著「生命」。生命就是進化，進化、進化、再進化，永遠沒有終結的版本。靈魂就是演化，演化、演化、再演化，永遠會去到下一個「更偉大的版本」。這就是為什麼此時此刻，你生在此地的原因。作為一個「偉大靈魂」，你正在經歷自我進化之旅，你正在創造自己最偉大的版本。

那……我憑什麼認為，我可以心想事成？我怎麼知道自己擁有那種力量？

因為你的本質。

我的本質？

是的。你是你的本質，你的本質是你的「高我」，你的「高我」就是那宇宙意識「源頭」較小的一部分。

換句話說，你就是宇宙意識的「本源」。

哇！你在開玩笑嗎？現在是「角色扮演」嗎？這本書會被質疑吧！

隨便，你這麼在意別人的眼光幹嘛！

難道你需要外在別人的眼光肯定，你才能找到「自己的力量」嗎？

呃，是不需要啦。雖然這樣說，但其實我還滿在意別人的眼光。

是的，這就是我說的，如果你想從外在找到力量，你就無法找到力量。因為任何外在力量，都是假象，都是「遜」於你之本質的。

關於你自己所「是」的，你說「是」就是；關於你自己所「想」的，你「想什麼」就是什麼；關於你自己所「願望」的，你「願望什麼」，就「必是什麼」。這就是身為宇宙意識「本源」的你之「心想事成」能力。

如果你相信，那麼你就會經驗到這股力量，如果你不相信，那麼你還是會經驗到這股力量，但卻是在被動情況下，經驗這股力量。一如你過往人生，時而高昂，時而低沉，你的人生，永遠都是「關於你對自身想法」的反應。

如果你以前都在「沉睡中」使用這股力量，如果你以前都在「負面中」使用這股力量，那麼現在該是時候，讓你自己「醒過來」的時候。用「正面思考」的方式，好好使用你「心想事成」之力量。別再受困於心智疑惑，別再受限於恐懼視野，要知道，打破這些侷限之最快方式；同時，也是重新創造最快方式，就是：

當你說你「是」，你就「是」。

❊ 小小叮嚀：用「肯定句」校準正能量

用「肯定句」校準（align）正能量。

「我是健康的。」

「我是富有的。」

「我是被愛的。」

「我是……」是宇宙之間最高之「宣告」。當你說「我是」時，你正在與文字能量共振。文字是有能量的。尤其當你將文字轉換為心中「畫面」時，你之意識正在與那能量融合。你之意識正在創造「能量」，「能量」將成為你的體驗。

單純閱讀文字，效果有限。然而專注心神，用心去感受每段文字，讓文字成為你腦海中的畫面時，你就正在創造能量了。

慢慢來，放慢你速度，讓自己能夠「充分」感受文字，讓「內在畫面」有足夠時間從容升起。即便只是去「感覺」文字，也能提升你之振動頻率。如此，你將體驗「肯定句」神奇效果。

不是「肯定句」有魔力，而是你之意識具有創造力。

第十五章　宇宙鋪路

當「能量」朝你移動時，它一定是個「完整能量」
當宇宙為你鋪路時，它必定是個「完美舞台」

你知道嗎？我這輩子許了很多願望，卻很少有實現的，哈。

為什麼？

我不知道。

那……你要如何讓它們實現？

嗯，好問題。這不是我來問你嗎？

好問題，這不是該由你來實現嗎？

我？

嗯，這麼說吧：很多人都以為，願望是由上天來決定。但事實上，願望的實現與否，是由你們自己來決定。當你們把希望寄託給上天時，事實上你們是把自己幸福與否之權力交託出去，無論是上天、老闆、伴侶，朋友、家人。

然而，我在這裡告訴你：你永遠有創造任何事物的能力。任何事物，包括：伴侶、財富、金錢、健康、天賦，甚至……改變世界。而你要做的就是：相信「心想事成」的力量。

有啊，我有保持正面思考，也傾聽情緒。只是……我想要的，還沒有出現。

嗯嗯，你怎麼知道還沒出現？

因為……我還沒看到。

還沒看到，並不表示它沒在運作。

嗯……我建議你，不妨想像宇宙是個「超大投影機」或是「生產線組裝廠」。它之功能就是負責把你的念頭，組裝成一個「產物」，然後送回給你。而你之「意識」則是你的「製圖檯」，你的任何思維都會透過你內在次元維度，被送到宇宙中去。宇宙接到你的「指令」後，開始工作。無論指令是什麼，它都「照單」全收，這就是宇宙的真正功能。所以，宇宙只是一個執行者；而你之意識，才是創造者。

如同，所有來到你眼前的事件，都是你曾有過的每一個念頭的反射。而你的念頭，則是來自於你的「意識」。

嗯，但如果是這樣，為什麼我的願望還沒出現？

你認為你的願望尚未實現，是因為你誤解了「創造歷程」。

創造歷程？

是的。

生命，是一個「活出、形成、變成」的運作能量。你的念頭，對於宇宙而言，都是一顆「能量種子」。當它被種下時，它就開始吸收養分，準備發芽成長。而那些所謂的「陽光、空氣、水」都是外在輔助條件，為的就是協同運作，幫助種子發芽。而這些工作，是由宇宙處理。你無法插手，也毋需插手，只管抱持信心即可。

如同佛陀所說「因緣果熟」，它們是同樣的概念。但重點不是那些「緣」。「緣」是宇宙的工作，是協同運作的角色。重點是你的「念頭」，你的念頭才是「第一因」，你的思維，是調集宇宙能量的「種子」。你以為你看不到。但事實上，事件已經「成形」，正等著被你「穿越」（意指：經歷）。

如同一齣百老匯劇場：當你說你要扮演主角，那麼宇宙的功能，就是負責為你找齊「配角、觀眾、舞台、燈光、道具、音響」等，來安排這一整場「演出」。你之事前工作，就是保持信心，等待機會到來，大方走上舞台。

因為，生命是一連串「發生過程」，如同公園裡的大樹一樣。宇宙「本源」的創造能量，持續從種子的內在維度流瀉而出；同時，宇宙「本源」能量，也從外在環境中匯集而來，最終孕育出眼前這顆大樹。

事實上，當你許下願望後，你之生命進程就轉變了，開始朝願望邁進了。過程中，你會看到很多「事件」、「巧合」、「人物」。但你不必去猜測它們扮演什麼角色，你只要知道，它們都是來協助「集體演出」的。即使是負面事物，也不要去批評它。只要將你的注意力聚焦在「半滿的水」，而不是「半空」的杯子。你就能在每一個看似「隨機」的事件中，看見「徵兆」，那將是你保持「信心」的良藥。

千萬記住：宇宙之中，沒有「巧合」，別相信「巧合」。如果你「選擇」看見完美，那麼你就是走在正途。記得，當能量朝你移動時，它一定是個「完整能量」；因為，當宇宙為你搭檯時，它必定是個「完美舞台」。

✻小小叮嚀：放下焦慮

人生中存在很多艱難問題，這些問題多是在當下無法被立刻解決的。但隨著時間經過，你會發現這些問題竟然都是「禮物」。

如果遇到難題，不要糾纏，趁情緒上來之前，趕快理智走開。要記得：問題永遠是被「時機」解決，而不是被人解決。人只是媒介，真正解決問題的是時機。

所以順心過生活吧，享受生命之喜悅。

生命會逐漸揭示它自己，要對生命有信心。

第十六章　善用天賦

做熱愛的事，其它的什麼都不要做

嘿，老兄，你要小心自己說的這句話。這句話徘迴在我心底很久了。你知道嗎？「天賦」並沒有你想像的那樣容易，我們每一個人並不是像你說的這麼容易就知道自己的天賦。更何況你說：除了天賦，什麼都不要做。你知道嗎？你會觸怒很多人。

為什麼我會觸怒很多人？

因為他們會認為你是個天真傢伙。你知道嗎？為了生計，人們不得不去工作。而在工作上，他們全力以赴。

我沒有說工作不好。

那你為什麼說：除了天賦，其它的什麼都不要做？

是的。我的確是這個意思。

在這一章，我要告訴你，為什麼你應該只做和自己天賦相關的事。至於其他的工作，什麼都不要做。

你知道嗎？你會觸怒很多人。

沒關係。我做我自己。

這也是我正在教導你的：關於人生，要嘛就勇敢活出你之真理。否則你就追隨別人真理。但如果人生只得活一次，你會發現，跟隨你心中的聲音，永遠才是正確的方向。

不要去管別人會怎麼看待「天賦」二字。沒錯，這個世界上確實很多人不知道自己的天賦，更別說用自己的天賦去做事，甚至成功。但這並不表示「天賦」不存在；而且它的重要性並不亞於你們的生命。

人類的教育體制，幾乎就是在探索「個人天賦」的基礎上發展。但弔詭的是，你們之教育體制所提出的教學設計，完全和你們的個人天賦無關。這就是為什麼，你們每一個人，都不知道自我天賦。但明明你們所受的教育，卻是強調個人多元化之職涯發展。

你說的我懂。但是興趣是一回事，生活又是另外一回事。如果你看見那些為了生計的底層百姓，每天勤奮工作。你就會知道：「興趣不能當飯吃」。

你說的我也懂。所以你們人類的生活，才會標榜「勤奮、堅持、努力」，為了生計，你們得「咬緊牙根，打拼下去」。為了家人生計，你們得埋頭苦幹、終日工作。人類整部發展史，看起來就是「奮鬥」。

這有什麼不對嗎？

沒有不對，只是不對勁。究竟你們的「熱情」呢？你們的活力、開朗、創意、成就感、自信、喜悅、意義、動人、激情、感恩呢？這些也都在你們所謂的「工作上」被展現嗎？

沒有。別傻了。工作就只是工作。過一天算一天。哪裡還有所謂的熱情呢？

孩子，這就是我要告訴你的。真正的「工作」不是奮鬥。真正的工作，是能夠讓你感到上述那些特質的工作。真正的工作，就是會讓你感到「活力、開朗、創意、成就感、自信、喜悅、意義、動人、激情、感恩」的工作。除了這種工作，其它的什麼都不要做。

我知道。但你講的是天方夜譚。世界上不可能會有那種工作。即使有，也是那些少數人的福利。關於我們大部分人的工作，只要能夠「過得去」就好了。

你所謂「過得去」是什麼意思？

就是能夠「餬口」就好了。

哦，我知道了。就是能夠維持生計就好。

是的。

這就是你們對於工作的「定義」？

我們不會認為這就是我們工作的定義。我們不會……像你說的這樣，去定義我們的工作。

在我看來，你們是不曾認真地去想自己對於工作的定義。

工作就是工作。想那麼多幹嘛？

如果你真的仔細算過，你的人生中有百分之八十的時間在工作裡渡過，那麼你就會知道自己大部分的人生其實都……

都怎麼樣？

都在過著「你不想要的」生活。

這句話我保留。每個人都有自己的工作，也在工作閒暇之餘，過自己想要的人生不是嗎？

嗯嗯，如果真的是這樣。那你們的職場上哪來那麼多抱怨？還有，哪來那麼多爾虞我詐、攻於心計、療癒小物、壓力症候群？

你認為梵谷作畫時，需要擺一隻「拉拉熊」在旁邊嗎？你看過莫札特作曲時，會抱怨自己超時工作嗎？你看過當一個人潛心於自己熱愛的工作時，他還有時間去擔心別人來搶自己的工作而提心吊膽嗎？

不一樣。**梵谷的年代沒有「拉拉熊」。**

我知道。他甚至沒有桌子。他甚至沒有辦公室。他甚至沒有任何東西，就只是搬個畫架，然後就在田園裡畫起來了。

這就是我要告訴你的：傾聽你自己靈魂的工作。而不是為了生計去工作。因為，在你靈魂的工作裡，你才能找到「喜悅」，如果你只是為了生計去工作，那麼你不只找不到喜悅，甚至也把自己的人生時光，販賣給了金錢。

但我需要錢啊！

我知道。我知道每個人為了生計、為了家計，都需要外出工作，以賺取足夠金錢。但是看看你們的人生，那真的是「必須如此」嗎？

不然呢？如果不去工作，我們如何生活？我們如何養家活口？

不是不去工作。而是用你的天賦去工作。

我了解。但就因為我不知道自己的天賦，甚至我根本不認為天賦能夠賺到什麼錢，老實說，我從不考慮天賦對於人生的重要性。

嗯嗯，孩子，你知道什麼東西拉開了你們的貧富差距嗎？是天賦。

那些成功的人，各個都是從天賦出發。各個都是善用自身天賦的人。無論是企業家、音樂家、流行歌手、電影演員、特技演員、表演藝人、作家、宗教家、政治家等等。

你知道嗎？當你說你想賺很多錢，你想成功，你想出人頭地，你想擠身上流一族時，你實際上是在說：你要把自己的工作做得很傑出。

但看看你目前對於工作的態度是什麼？

是什麼？

是從週一到週五，是從朝九到晚五，甚至更長；是能少做就少做，是能輕鬆最好，是得過且過，是……有份工作就好。

這樣你看出來了嗎？就在你說你想活出豐盛生命，但你對待手邊的工作又是可有可無時，你如何真的能夠讓你的人生越來越好呢？

是時候讓我來告訴你們真相了。

如果你只是為了餬口而做一份工作，那麼任何工作你都能做。但是你別想自己的人生會出現翻天覆地的變化。更不會以你期待的方式，等待金錢與豐盛的到來。

怎麼可能？我不相信。如果我兢兢業業、全力以赴工作，我不相信我無法晉升。我仍能夠靠自己的努力，得到我該有的報酬。

是的。你仍可以持續抱持著這個思維。因為這是你們人類自古以來的信念。你們人類總把「辛勤、奮鬥、行動」擺地第一位，認為那就是「成功」所必須付出的代價。

但是我告訴你，行不通的。

最後你的身體，將跟不上你的鬥志；你的鬥志，跟不上你的情緒；你的情緒，跟不上你的負面思惟；你的負面思惟，跟不上瞬息萬變的競爭環境。最後，你會被你的負面思惟壓垮，然後抱怨為什麼這個社會體制是如此不公。

看見了嗎？那些街上滿是憤恨不平的人，那些對於社會充滿負面想法的人，他們內心的正義怒火，比誰都旺盛。但是最後，他們又得到了什麼？

你這樣說並不公平。他們是為了自己而戰，他們是為了正義而戰、他們是為了真理而戰。

嗯，我了解。他們偉大的情操，讓人動容。但是我告訴你，當你覺得自己必須為某件事情而戰時，你得小心檢視自已的想法。因為那代表，你即將做出一份關於自己是「誰」的重大宣告。

不是那份宣告不好。而是你是否真心做好了準備。即使那份宣告會讓你犧牲一切，你也毫不猶豫。

「戰」這個字，含有一種偉大的宣誓。那代表你做出了一份「選擇」。而這份選擇是來自於你心中的真理。這份真理，能夠讓你找到人生的意義；讓你知道自己活著的目的。

然而，我告訴你，你們許多人，多半都不知道自己為何而戰。你們多半的人，只是為了自己的怒氣而戰；為了恐懼而戰；為了生計而戰；為了不滿而戰。卻很少真的是為了「公平、正義、謀福祉」而戰。

看看你們那些滿口「為了真理而戰」之人，他們為了打倒對手、打倒體制、打倒不公，選擇衝撞所有擋在前面的障礙物。然而，他們的犧牲，換來的是更多的反作用力，卻不是他們「想要的結果」。

所以，當你說他們是為了「信念」而戰時。我會提醒你，仔細去檢視你選擇挺身而戰的理由。如果那不能代表你是「誰」，那麼你就該重新思考。

也就是說，除非那個選擇，能夠代表你真正是誰，否則不要做出那選擇。

那我真正是誰？

你認為呢？你是憤怒嗎？你是不滿嗎？你是想打倒一切的「綠巨人浩克」嗎？

我告訴你，那些都是你的情緒。你的情緒，並不能代表你是誰。

那麼我是誰？

你是愛，你是真理、你是正義、你是公平、你是你說的任何關於你所「是」之人。

這不是在繞口令嗎？繞了一大圈，我不還是我自己嗎？

不，在這裡，我正在展示一個東西給你看。關於你所謂的「戰」，如果它是你個人最高的宣告，那麼它永遠包含了下面的精神：

當你覺得自己是為某事而戰時，那代表你很清楚自己的信念，你了解整個知識系統，你了解整個運作流程，你了解這個方案行得通，你了解更多人將因它而受益。你了解它是另一條道路，你了解它是必須存在的聲音。所以你起身行動，你成為「它」。更甚者，你是它的榜樣，你是你自己信念的榜樣。

那有什麼不同？

想想你們人類歷史上最偉大的民運人士。他們所挑戰的，不是某個單一現象，而是一整個國家。印度聖雄甘地、美國馬丁路德・金恩博士、前南非總統曼德拉、以及印度加爾各答德蕾莎修女……等等都是。

等等。你說的這些，都是有名的人物。跟這些「聖哲」相比，我們一般人的程度還差的遠呢？這例子很是差的遠呢！

一點都不遠。甘地在成功之前，不過是個名不見經傳的學者而已；馬丁路德・金恩也是；至於曼德拉……他還是個混混呢。而德蕾莎修女，你知道嗎，當她說她在內心聽到基督對她的感召時，她還得通過教廷允許，一次次被嚴格檢驗，看看這一切是否只是她個人的「純屬虛構」。

你看出來了嗎？這些你們所謂的「聖哲」。在他們還沒有成功之前，都和你們一樣，只是生活中的某個尋常百姓，一點都不特別。如果他們有任何特別，那是後來成功時，人們為他們「添加」上去的。

但重點是，你知道他們為什麼能夠成功嗎？就你們人類的觀點而言，他們完成了所謂「不可能的任務」？

嗯，你說。

因為，他們以自己為榜樣。他們是自己「信念」的榜樣。他們是自己「聲音」的榜樣。

他們的成功，來自於專注自己的信念，而信念為他們鋪出一條真理之路。他們走在自我真理之路上，創造了另外一個「真實（reality）」。

記住，「戰」不等於「抗」。凡你所「抗」之物，都會更為強大，而且堅實。但如果你因為自我之真理，選擇挺身而戰時，實際上，你是在提出另外一種聲音。那聲音是有別於你目前所接受到的。正由於你不接受目前的現狀，所以你提出了另外一個聲音。

那有什麼不同嗎？

完全不同。

當你對抗某個聲音時，你是與那聲音正面衝撞。你的用力，會產生另外一個更大的反作用力回來，讓你不得不使出更大的力氣回應。然後，隨著你更大力氣的回應，另一與之相反的更大作用力，就會回來到你身上。最後，你將在這股循環不已之負面力量中，耗盡所有精力與資源。於是，你根本不可能成功。這就是行不通。

但若你是提出另外一種聲音，提出另外一條道路，而你身走其上，號召眾人跟隨你時，你就是在創造出另外一種真實。

這個真實，是提出另外一條道路，另外一種選擇，另外一種可能，另外一種幸福。它並不必須打倒某個現狀才能證明自己是對的。而是它本身就是對的，它本身就是自己的真理，它本身就是行得通的。所以它之出現，並不必然要靠擊敗另外一個不是它的東西。它的存在，就是存在。即使另外一個相反於它的東西仍存在，絲毫也不會動搖到它之存在。而發起人本身就是最完美的榜樣。因為他展現了另外一種可能，讓大眾追隨他。

如同基督所說的：「我就是道路、真理、生命……」。

你知道嗎？當你說自己要為某件事情而戰時，實際上，你所打算做的，並不是對抗某些現象。而是在這些既存現象中，去創造另一種真實。這種創造，是來自於信念之產物，也是能量聚合的產物。

創造不同於對抗。

創造給出生命；對抗殺死生命；創造給出道路；對抗毀滅道路；創造給出遠

景；對抗只會困窘於當下；創造給出榜樣，對抗則沒有任何人勝利。所以，當你選擇為何而「戰」時，你得仔細思考，你是「創造」還是為了「對抗」？

當你是為了創造時，那就表示你正在發展出另外一個聲音，你在另闢一條路。而你所要做的，就是專心致力地鋪出這條路。當然，你會是走在這條路上的第一人，也是他人之榜樣。更重要的是，你是自己的榜樣。唯有如此，你才能真正成功。

嗯嗯，了解。那天賦呢？如果我不知道自己的天賦，甚至，就算我有天賦，我又能做什麼？

首先，我要告訴你，當你找到自己的天賦，你所擔心的生計、人生意義、財富、愛情、關係、健康、喜悅等等，都將被滿足。如果說，「聖杯」是宗教虔敬者們所尋找的救贖，那麼，「天賦」就是你們所追尋的聖杯。

而且，好消息是，這個「聖杯」不只一個，而是人人都有。你們不用為了一個聖杯而相互爭奪，因為你們每一個人都有自己的聖杯。同時，你們也不用去到世界的角落探尋，因為它就在你們每一個人身上。

我不懂。如果天賦真的像你所說的那樣神奇，那為什麼現代人還是有那麼多人在做著不是自己天賦的工作呢？

嗯，你看的是大部分的人。但是現在，我要你把眼光聚焦，聚焦去看那些成功的人。你會發現，你很難找到任何一個不是透過天賦而臻至成功的人。

我如何能知道呢？

從他們的工作態度來看。從他們的表情來看。從他們的服務或產品來看。那些真正秉持天賦在做事的人，他們的工作態度、表情、服務、產品等，裡面都一定包含熱情、喜悅、激情、堅持、感動、與愛。也就是說，他們的工作裡，蘊含著靈魂。他們的工作，表現了他們的靈魂。

那麼，我如何知道自己的天賦呢？

問問你自已，你和別人比較起來，你有什麼「不一樣」。那個「不一樣」就是關於你天賦的線索。

你知道嗎？你們人類都希望自己和他人看起來一樣，不要「不一樣」，如此你們才可以保有自我安全感，起碼不用被看成標新立異，不用為自已的「不一樣」去找答案，起碼你們可以不用冒險，去開闢別人沒走過的路。

但卻正是這個「不一樣」，那才代表你真正是「誰」。你有獨特的嗓音嗎？你喜歡詩詞帶給你的意境嗎？你有熱愛跳舞的身體嗎？你有搞笑扮醜的功力嗎？你有某個不為人知的癖好嗎？你有某些難以啟齒的點子嗎？你有不敢宣揚的瘋狂嗎？還是你真的就只是一個普通人。

在這裡，我給你一個關於天賦的線索：就是去做會令你「喜悅」的工作。那份喜悅，不是指能夠為你帶來更多金錢、更多物質滿足、或是更閒暇的工作份量。那份喜悅，是來自於你有源源不斷的「靈感」。你能從中不斷激發出連自已都深感訝異的「靈感」。

那份靈感來自於你心底，並且在你人生中持續啟發著你，每每在你沉思冥想時，那份靈感都以一種深具啟發的思維來到你的腦袋。當你對某個領域有著超乎常人的「洞見（Insight）」時，那就代表你對那件事情，是深具天賦的。

我不懂，我以為天賦是指有超乎常人的稟賦。

沒錯，稟賦是其中的一個特質。就像你很會演講，你不需要經過特別訓練，你就能夠站在講台上侃侃而談。這是屬於你之獨特稟賦。

但你究竟要講什麼？這才是重點。也就是說，雖然你很會演講，但是你要講什麼？以什麼為議題，來作為你演講的內容。你很會演講，你也很喜歡演講，但你到底要講什麼，那才是你整個演講的重點。告訴我關於你的故事，告訴我關於你的看法，告訴我關於你的「真理」。

每一個靈魂都有自己對於某個領域之獨到見解。也就是說，每一個靈魂都有自己對於某個領域之真理。靈魂來到這個有形的世界，不是為了別的原因，而只是為了一個原因。

什麼原因？

表達自己的「真理」。

「蘋果電腦」創辦人賈伯斯，表達了自己對於電腦的真理；《哈利波特》創作者J.K羅琳，表達了自己對於奇幻小說的真理；流行歌手瑪丹娜，表達了自己對於流行音樂的真理；電影導演李安，表達了自己對於電影的真理；人氣拉麵的老闆，表達了自己對於拉麵的真理；麵包冠軍的老闆，表達了自己對於麵包的真理；科幻小說的作者，表達了自己對於科幻的真理；占星卜卦的大師，表達了自己對於玄學的真理；能量治療的專家，表達了自己對於能量的真理；投資標的的專家，表達了自己對於投資的真理。

這個世界上唯一的「真理」，就是「沒有唯一的真理」。

任何東西，你都能夠賦予它新的意義。任何領域，你都可以賦予它新的真理。重點是，你的真理是什麼？

可是，我怎麼知道我的真理是什麼？

嗯，傾聽你的感覺，紀錄你的靈感，分享你的洞見，給出你的熱情，展現你的自信、說出你的真理。

說出我的真理？

對，說出你的真理。

我怎麼知道我說的是不是真理？

讓你之「靈感」來顯露你的真理，

讓你之「洞見」來支持你的真理，

讓你之「喜悅」來顯現你的真理，

讓你之「自信」來推廣你的真理。

你知道嗎，每個領域的傑出者，並非是最用功的那位，而是洞察力最多的那位。而他們的洞察力，毋寧是來自於他們每一位「內在靈魂深處的知曉（Knowing）」。

「內在靈魂深處的知曉（Knowing）」？

是的。不然你以為，為什麼在同樣條件下，有些人就是比其他人能夠展現出更多的領悟力，難道他們比別人都還要用功嗎？我告訴你，不是的。如果用功能夠保證成功的話，那麼你們所謂的成功，就是人人都可複製的廉價品了。

但是，成功是無法被複製的。你無法在世界上再找到另一個蘋果電腦、另一個星巴克帝國、另一位尼采、另一位瑪丹娜、另一位卓別林、另一位J.K.羅琳。

你只能夠找到相似於他們，但絕對是「次」於他們的相似者。這就是每位靈魂關於自我的偉大獨到之處。你永遠無法跟他們一模一樣，你只能模仿他們的外型，但你無法模仿他們的靈魂。你只能模仿他們的作品，但你無法原創出他們的靈感。

這無關乎你是哪間學校畢業的，你的文憑是什麼，你有著什麼樣的家世背景。它只關乎你是否能夠誠實面對自己內在的渴望，去勇敢活出自己的渴望，去學習所有能夠滿足你渴望的知識，去鍛鍊所有能夠發展你渴望的技巧，去挑戰所有能夠展現你渴望的舞台。

天賦無關乎別人或是外在世界的看法。而是關乎你對自己的看法，你對自己的了解有多深。

你人生最有價值的探索，就是探索你自己。了解你自己、相信你自己、培養你自己、成就你自己，那麼所有其他的外在條件，都將因為你內在的「覺醒」，而一一來到你身邊。包括你所渴望的那些財富、健康、關係、幸福、快樂、成就、激情、熱情、滿足、喜悅等等。

這就為什麼我說天賦是你們人類的聖杯。你們每一個人必將透過「憶起」自己的天賦，而達到真正的滿足。

在這裡，我還要再跟你分享一個關於天賦的秘密：

天賦，是指你們出生前，也就是來到這個「物質世界」之前，作為「無形存有」的你，早已在精神界域，就已學會的「知識、技巧、才華、和觀念」等等。

你們並非來到人間，才開始培養所謂的天賦。你們在來到人間之前，就已培養了自己的天賦。而你們來到人間的目的，就是展現你們的天賦。除此之外，沒有任何其他形式，能夠取代你們的天賦，滿足你們內心深處的渴望、喜悅、洞悉、完整。

於是，如果你想要讓自己人生臻至圓滿，或是達到所謂的成功，甚至取得財富、健康、關係、與完美的自我表現。那麼除了持續探索你的天賦之外，沒有什麼是你值得再去追尋的工具。除了去做能夠展現你天賦的事業之外，沒有什麼其他的工作，能夠為你帶來真正的成功、喜悅、與滿足。

好，如果天賦就像你說的這麼重要與神奇，但我要如何靠天賦賺錢呢？請不要告訴我，這一切都會「水到渠成」。

是的，這，正是我的答案。

沒那麼簡單！

不，就是這麼簡單。

如果這麼簡單，那人人豈不是都可以賺大錢了嗎？但事實上是，大家都還在為了生計而掙扎呀！

好。首先，你看見這個世界上有所謂相同的面孔嗎？沒有。你絕對找不到一模一樣的臉孔。即使是雙胞胎，也有相異的特徵。因為，每一個人都是自己的靈魂，不可能是複製品。上帝造物，絕對沒有一模一樣的雪花，甚至是一模一樣的葉子。每一個「存在」都是獨一無二的。這就是「生命」的特徵。只有你們人類才會想到複製品。在上帝的眼裡，每一件生命都是獨一無二的創作品。

而每一件創作品，都有其獨一無二價值，上帝早就將「創造力」置於他們體內了。人類不只是碳水化合物（軀體）而已。人類的真實身分，是那此刻正在思考與閱讀的偉大「意識體」。

如果大多數的人，就像你說的，為了生計而不得不找份工作餬口時，那只代表著此刻的他們尚未意識到自我「意識創造」的力量而已。

「意識創造」的力量？

是的。「意識創造」的力量。

身體只是你們人類的工具而已。身體所能發揮的力量，是有侷限。而人類真正的力量，毋寧是來自於你們的「意識」。你們的「意識」才是所有創造力的「源頭」。

下一章，我會告訴你，如何用「意識」實現你們自己的天賦。「天賦」如同你們的一雙翅膀，「意識」如同你們的推進器。難道你們不知道，你們各個都是「天使」嗎？

❇小小叮嚀：喜悅是做事的理由

試試問自己：如果沒有人付你薪水，你是否還願意仍去做某事。如果你的答案：是。那麼你就找到自己的天賦與天職了。因為天賦與天職是「一體兩面」的。

我們每一個人都是偉大的靈魂，我們生來早已具備了自己的天賦，等待我們覺醒之後去善用。

找不到天賦，往往是因為被「錢」困惑了。其實，天賦往往隱藏在那些我們不敢面對的選項裡。因為我們都以為：夢想不能當飯吃。但是，現在你「覺醒」了，你能夠做出不同的選擇，因為真正的你是「意識」，是創造力「本源」，是世界源頭。

第十七章　天賦是靈魂翅膀

存在本身就是賜福

所謂「天賦」的定義，是指：你靈魂深處之所「是」。它是早在你來到這個世界之前，還在「無形世界」的你，就已經知曉的「特質、技巧、知識、與才華」。也就是說，在你的靈魂深處，你早已具備了這一切足已令你成功的特質。你不需要學習任何東西。你只要重新「憶起」這些特質就好。

當你一步步「憶起」這些特質時，你也正在一步步的「覺醒」，「覺醒」成為真正的你自已。

那麼我要如何「憶起」這些特質呢？

觀察你自已的性格。你是善良的人嗎？你是果敢決斷的人嗎？你的人格特質在很大的程度上，表現了你的靈魂特質。例如，當你是善良的個性，那麼你的思維必會導向真誠、和諧、服務、助人等方面，於是，當你在做著能夠讓你展現這些特質的工作時，你就會感到喜悅。

嗯嗯。確實。當我還在郵局工作時，我因為在工作上能夠展現這些特質而喜悅。

是的。所以，了解你自己是什麼樣的靈魂，是憶起天賦的第一步。

哦，所以這就是為什麼我曾做過七份工作，卻沒有一份能夠長久待下來原因嗎？

是的。因為那些工作所需要的特質，並不相襯於你的靈魂特質。雖然，你曾在很大的程度上，調整自己的個性，去達到工作上的要求。但是最終，你仍無法在「不是」的軌道上繼續待下去，因為你內心深處知道，「那」不是你。

可是，為什麼我不能提早看清我的特質呢？我是說，為什麼要等到那麼久之後，我才能逐漸意識到自己的特質，並且用這些特質去從事「對」的工作？

不，沒有所謂要經歷多久你才能夠找到什麼。你的靈魂特質，其實一直都與你同在。你是一個善良、正直、有愛心、有同理心的人。你不可能感覺不到這些特質。只是你沒有去正視這些特質而已。

嗯，為什麼我「沒有」正視到這些特質呢？我是指：為何我沒有「意識」到自己的特質。

因為你太過於相信外在世界那些所謂的「成功者的特質」了。

那些所謂「成功者的特質」，往往強調「聰明、進取、創意、解決問題、專業知識、人際關係……」等。這些特質固然和「成功」有關，卻和你沒有多大的關係。這些「成功者的特質」，讓人忽視了「自己的特質」。因此，即使這些「成功者的特質」看起來那麼有力量，但是，對於你來說，卻行不通。

為什麼行不通？

你說呢？問問你自己的「感覺」。

嗯……就是覺得自己要「很努力」去達到那些條件。

是的。你要很努力。但是到頭來呢，你得到的結果是……？

嗯，我沒有成為「理想的自己」。

賓果！你答對了。「理想的自己」是無法透過外在條件去達到的。

所謂「自己」的意思，就是指你「自己」。你只能回到你「自己」，在你自己所「是」的基礎上，持續進化成為更「理想的自己」。也就是「更高版本」的你自己。

你這一生所要做的，就是先了解你自己，然後在這個基礎上，持續進化成為下一個最理想的版本。

我不懂。

嗯，讓我先回到「靈魂的特質」。

所謂「靈魂的特質」，就是你天生的特質。當你天生就有這些特質時，你根本不必去外面求取這些特質，因為你本來就是這樣的人，你本來就是善良、和平、有同理心的人。當你就是這樣的人時，你又何必去說：「我想要成為善良、和平、有同理心的人」？

那麼「靈魂特質」和「理想的自己」有什麼關係呢？

有。你無法在任何一個「不是」你的特質，把自己發揮到淋漓盡致；但你卻能在「你所是的」特質上，把自己發揮到淋漓盡致，成為「理想的自己」。

那些外在世界所強調的成功條件，多是與「堅持、勤奮、努力、創意、熱情、聰明、機智、果斷、解決問題、獨當一面、知識學習、勇於冒險……」有關。

這些特質沒有錯，也很棒。但是如果你不是在自己的「基礎」上出發，去培養這些特質，那麼這些特質對你而言，就行不通了。

就好像對於一個正在學步的兒童，你要他表現出上述那些特質，完成你的期待。這對他而言，會是非常辛苦的一件事。最終，他會在挫折連連、充滿「負面情緒」的情況下，認為自己「不夠好」。

然而，你永遠無法對於一個靈魂強加任何「不是」他的特質在他身上。即使在你眼中，這些特質是「成功者的必備特質」。

那是行不通的。因為每一個靈魂都有自己特質。任何外在加諸於他的條件，都只是暫時的「禁錮」，最終，靈魂會掙脫這些「禁錮」，選擇成為真正的自己。這是生命的本能。

如果這樣說的話，那麼，那些所謂的「成功的特質」豈不是虛假的？

不。它們是真的。只是眼睛只能看到表面，無法深入去看事情的本質。那些所謂的「堅持、勤奮、努力、創意、熱情、聰明、機智、果斷、解決問題、獨當一面、知識學習、勇於冒險……等」，是在描述當一個人從事自己熱愛的事物時，他「自然而然」展現出來的種種行為。這些行為，都是來自於那個人在了解自我「特質」之後，朝著自我熱愛的事物前進時，所自然而然表現出來的行為。

當你對自己還不明白時，你是無法藉由這些行為，去成為某個成功的人。

你只能先是你自己的特質，忠於你自己的特質，然後將你的特質發揮到淋漓盡致，自然而然的，你就會展現「堅持、勤奮、努力、創意、熱情、聰明、機智、果斷、解決問題、獨當一面、知識學習、勇於冒險……等」這些行為。之後，當你成功時，他人就把在你身上看到的這些行為，列為「成功者的特質」。

事實上，成功不需要任何特質，如果有，那麼唯一的特質就是：相信你自己的特質。所以，永遠不要把眼光一直向外尋找。相反的，要一再回到自己身上，認識你自己。

你知道，是什麼「動力」能夠驅使一個人成功嗎？

什麼？

熱情（passion）。唯有找到你的熱情，你才能驅動強大的信念，去創造所有的一切。而找到熱情的方式，就是先認識你自己。

嗯，我要如何認識我自己？

去「感覺」你自己。

「感覺」是你們人類最強大的第六個官能。它比你們的眼睛、耳多、鼻子、舌頭、身體都還要來的強大。「感覺」是你靈魂的「觸手」。

透過感覺，你可以更深入「了解」你自己。

感覺你自己的個性，感覺你自己的夢想，感覺你自己的喜好，感覺你的憧憬，感覺你的渴望，感覺你內在的聲音，感覺你內在的驅力，感覺你內在的壓抑，感覺你內在的興奮，感覺你想成為什麼樣的人。透過持續的感覺，你就會越來越認識你自己。這種認識不是單純概念上認識，而是一種情緒上的「體驗」。

當「體驗」越來越強烈，你就會感受到你內在的靈魂之火。當你點燃自己內在的靈魂之火，你會開始坐立難安，你會開始起身行動。你會開始碰觸內心，你會開始成為「真正的你自己」。唯有如此，也唯有如此，你才能夠說，你真正了解你自己。

在你了解自己之後，第二步是「表達（express）」你自己：「表達」是靈魂來到世界上的最主要目的。所有靈魂來到這個世界上，為的就是充分表達他自己。

那就好比一首歌，不得不從靈魂深處被唱出來一樣；那就好似一隻鳥，不得不從籠子裡被放出來盡情自由飛翔一樣；那就如同一聲雷鳴，不得不被灌入每個有耳能聽之人的耳朵一樣；當種子長成花朵時，它不得不「綻放」它自己。

而如何「表達」你自己，則和你對自己所抱持的「最理想的版本」有關。

我「最理想的版本」？

是的，你「最理想的版本」。

你們每一個人都是非凡的。你們的生活守則應該是：拒絕平凡。你要如何表達你自己，和你「想要成為哪一個最理想版本的你自己」有關。

如果你天生善於演講，那麼你就應該毫無保留地站上講台去演講，甚至對全世界演講。如果你天生善於歌唱，那麼你就應該毫無保留地站上講台去歌唱，甚至對全世界歌唱。如果你天生善於寫作，那些你就應該毫無保留地站上講台去分享，甚至對全世界分享。

「演講、歌唱、寫作」等，都是表達的「形式」。你真正表達的是你的「真理」。而你的「真理」和你對「生命」的熱情有關。也就是說，你要用哪種形式來表達你對於生命的熱情，也許是唱歌、跳舞、烹飪、繪畫、雕刻、演戲、導演、沙畫、走秀等等，透過這些外在的形式，來表達你對於生命的熱情。而這份生命的熱情，則是來自於你對真理的「洞見（Insight）」。

每一個領域的傑出者，往往都是真理的洞見者。真理不只在宗教上被討論，事實上，真理顯現在每一個領域裡，顯現在每一個有志尋找它的洞見者身上。也就是說，當你對於某件事情的本質該是如何運作時，你會因為洞見了其中的真理而感到雀躍，並且迫不及待地想要和他人分享。

咖啡大師，洞悉了咖啡的真理，於是迫不及待地想要和全世界分享咖啡；舞蹈大師，洞悉了舞蹈的真理，於是迫不及待地想要和全世界分享舞蹈；心靈大師，洞悉了心靈的真理，於是迫不及待地想要和全世界分享心靈。

和全世界分享你對於某個領域真理的洞見，將是你熱情的來源，也是你來到世界上的原因。這使得你自己生命，和全世界的生命，都更加美好。這就是「生命」豐富「生命」的真義。

一個人的生命喜悅程度，來自於他所能與世界分享的程度。而當你找到屬於你自己的真理時，你一定會知道。因為「感受」會告訴你，因為「喜悅」會告訴你。因為「分享」會告訴你。

接著，就在你迫不及待的想要和世界分享你自己時，你們口中掛念的「現實」問題就來了：我如何透過分享自己的天賦，來謀生？

對！就是這個，我如何用我的天賦賺大錢！

哈，我就知道你在等這個答案。因為你們所有的人都在等這個答案。

你知道嗎？如果你們沒有這個答案，你們似乎就不敢正視自己的天賦。

嗯，你知道的「興趣不能當飯吃」。

那麼我告訴你，當你展現天賦時，你一定會收穫到比自己所能想像的還要豐盛。

未必吧！很多藝術家，就算追隨自己的天賦，不也照樣窮困潦倒。

你是那其中的一位藝術家嗎？

我不是。

很好。我希望你、以及全世界的藝術家，都能看到接下來的文字：

永遠不要依據外表的現象來判斷事件的本質，每一件發生的事情都是賜福，永遠都是賜福，宇宙不會隨便發生任何事，任何事的發生都有它更深層面的服務。這是你邁向大師之道時，要提醒自已觀看事件的方式，以正面方式觀看，不要只從表象來判斷，相信宇宙，相信無條件的愛，既然你們人類都說神是無條件的愛，而神又無所不在，那麼所發生的任何事情背後，必定都有它自己的賜福，要記得這個。

另外，

人生之富足，來自於「無懼」。「無懼」來自於相信「自己」。「自己」不只是這個「身體」。

真正的自己，是此時此刻，正在思考、寫作、創作的「偉大意識」。

你是來自於宇宙本源的「意識體」，你的「思維」具有創造力，你的「念頭」是創造能量，「意識」發動「念頭」，「念頭」串成「思維」，「思維」吸引來對等的人、事、物。

如果你想要透過「寫作」賺大錢，那麼你所要磨練的，不是你之寫作技巧，而是時時刻刻保持「正向思維」，而「正向思維」的方式如下：

一、永遠在心中保持你「已然成功富足」的心靈畫面。

如果你是一位作家，那麼我要你保持的心靈畫面，就是想像你已經非常成功的坐在簽書席上，你向每一位來到面前的書迷，開心喜悅的獻上你的簽名與祝福。你看見了整個簽書會的盛況，你看見了自己與書迷們的微笑。你們合影留念，完成了一場盛況空前的簽書會。

二、時時刻刻保持「正向思維」。

在你邁向成功之路上，你的「疑懼」會常常跑出來。這份「疑懼」來自於你對

「現狀」的評估，他是你心智的「產物」。你的心智會因為評估現狀，而產生疑懼。因為你總是相信「眼見為憑」。然而，當現狀不如你心智所評估的那樣時，你的疑懼就會升起。

這個時候，你所要做的，不是一直去分析現況，而是放下你的頭腦。持續跟隨你的心，持續地去想像「你已然成功的」心靈畫面。因為你的思維是有力量的，無論你思維看向何處，你就是在往那個方向注入力量。當你思考匱乏，你就是在創造匱乏；當你思考成功，你就是在創造成功。

匱乏與成功，在你的生命裡，兩種版本皆存在。端賴於你的注意力，擺在哪個方向。我知道你們每個人都渴望成功。但偏偏你的疑懼之心，都會迫使你們看向匱乏。因為你們擅長評估眼前風險，更勝於對未來富足美好之想像。

然而我告訴你。未來並不存在。所有未來的發展，都來自於你此刻當下的思維。所以智者們總是一再叮囑：活在當下。每一個「當下」影響下一個「當下」。當你活好「現在」，你也就活好了「未來」。

所以，不只是在你心中保持那「已然成功的畫面」，最重要的是，還要時時刻刻提醒自己：永遠往正面方向去思維。擺脫所有現實的約束、限制、框框、眼光、批評。如同你們傑出的前輩，時常掛在嘴邊的那句話：把眼光放遠。

三、保持信念

信念，來自於全然的信任。它是超越心智所能理解的東西。你很難說服你的心智去相信眼前你仍無法看見的事物。但雖然你尚未能看到所願之事，並不代表這些事情在宇宙裡不存在。實際上，當你在心中啟動了「已然實現的心靈畫面」，你也正是完成了一個「完整的祈禱」，而宇宙也在當下立刻回應了這個祈禱，並且把所有的能量調轉於你。

當你完成了「祈禱」，並且時時刻刻保持正向思維時，接下你所需要做的，就是保持全然的信任。那代表無論來到你眼前的境遇是否「稱心如意」，你都願意欣然接受。

因為你知道，你已完成了一個禱告。而就在禱告之後，那些來到眼前的所有人事物，都是因著你的禱告而來的。若你能夠秉持精神奕奕的態度，輕鬆看待一切，並且在每個境遇中保持隨順，保持正面情緒，那麼你就是走在創造之道上。

你會發現，巧合與奇蹟，將自然而然的陸續出現在你的生活之中。

信念，並不如想像中的簡單。它既單純，卻又複雜。它既淺顯，卻又深澳。你的心會像鐘擺一樣，不斷在信與不信之間，來回擺盪。但這沒關係，即使外在所有的境遇都不如你意，你只要還保持那麼一丁點信心，你就能夠創造奇蹟。

永遠記住：「只要你有一芥子的信心，你就能夠移山」。這不只是《聖經》寶訓，還是出自於「造物主」的允諾。

「天賦致富」和「外在世界」沒有關係，和你「內在真理」比較有關係；「天賦致富」和「與人競爭」沒有關係，和你「個人創造」比較有關係。「天賦致富」和「他人眼光」沒有關係，和你「完全信任」比較有關係。

最重要的是，不要期待生命會帶給你什麼，而是要「主動地」去思考你想要什麼。並且在你的心靈中，持續保有那個畫面，就像你正坐在自已的心靈電影院裡觀看自己的人生電影一樣。

在宇宙實相裡，你既是導演，也是主角。當你決定了某個畫面時，宇宙中所有的角色也將隨之調轉配合你，協助你演出這場大戲。

而你，身為這部大戲的主角，也將會在這過程中自然一步步到位，完成你該做的事。不用擔心你要如何到達那裏，不用害怕你是否能夠到達那裏，只要你在心中下定了你的「位置」，你就一定能夠抵達。

＊小小叮嚀：跟隨自心的豐盛

這個宇宙當中，存在這一個更高層面的運作機制，那個機制是我們看不見的。它似乎掌管了所有物質世界的秩序，能夠恰到好處安排所有事件的同步進行與發生。

例如：兩個久未碰面的朋友相約見面，兩人都未預料到對方之出現，竟帶給自己與對方不同的轉變。似乎冥冥中自有安排，讓你在對的時間、遇見對的人、完成對的事情。

在宇宙之中，這樣看似隨機的事件，背後有一股我們看不見的運作邏輯。表現上看似無關，但是經由一連串的「事件」，它促成了某種「更大事件」的發展。在宇宙場域裡，這樣運作機制被稱為「同步性（Sinchonicity）」。

其中對我們最有幫助的意涵就是：你不用擔心你的願望要如何實現。當你在心中持續想像某個「已然成功的畫面時」，你會在自己的心靈層面中，創造出一種「能量狀態」，而正是這種「能量狀態」，宇宙會啟動所有的相關事件同步進行，最後彙集所有的元素來到你面前，完成你心中的願望。

所以，不用煩惱你未來的人生會如何發展。只要你在心中持續創造自己「想要的畫面」，讓自己沉浸在那個畫面中，讓那畫面成為你的心靈「記憶」，那麼，你就完成了最主要的工作了。

接下來的一切事情，就交給宇宙去安排。因為，就在你「想像」過程中，宇宙的「同步性」也啟動了。

第十八章　與自心同在

讓「心」成為「你的老師」

現在我要你用心來活一天，讓自己回到自己的心。看看靈感帶你如何做。

你是說，讓我跟隨我自己的心？

是的。跟隨你自己的心。讓心來告訴當下此刻，你想做什麼。

可是我不知道如何回到我自己心？我要如何和我的心溝通？

藉由從「定靜（stillness）」開始。在定靜中，你會聽到神的呼吸。

定靜？是靜下來嗎？

是的，每天讓自己早晚靜心十五分鐘，你的人生將會大大改觀。如果你連這一點時間都未留給自己，那麼你真的會迷失在自己人生的幻象裡。

當你持續培養定靜的習慣，無論打坐也好、獨處也好、靜靜坐著也好，當你靜下來，你會聽見自己內在的聲音。除非你停止宣說你的真理，否則神無法告訴你祂的真理。而神的真理，就隱藏在你最深的心裡。所以要定靜，持續培養定靜習慣，在日常生活中持續保持定靜習慣。

但若我還是聽不到心的聲音呢？就像人們常說「傾聽你的心」，可若我傾聽不到呢？我的意思是我不太懂這個。

持續選擇與你的感覺在一起，還記得嗎？「感覺」是你的心智接收來自宇宙更高訊息的振動頻率，然後轉譯成你的心智所能理解的「訊息」。「感覺」是你除了眼睛、耳朵、鼻子、嘴巴、觸覺之外，第六個官能。這是人類最強大的官能，要善用它。

傾聽你的感覺，看看此刻的你之感覺要你做什麼；或者現在你想做什麼，你想探索什麼，這個探索是否能夠更加讓你接近你的真理；或著就只是先全然地定靜片刻，然後根據你自己的想法，採取行動。並且留心每一個來到眼前的「巧合」。

聽起來很籠統？

不，跟隨你的自心，比你所想像的還要簡單。就只是做出選擇，選擇承認「神性」的存在，然後認知到神性是一切萬有能量，而這股能量也一直與你同在，你根本不可能離開這股能量。因為這股能量就是維持你心跳的「生命能量」。

於是你做出選擇說：我承認神性的存在，我選擇相信神性的存在，而神性是我的心，現在我要跟隨我的心行事，我要選擇傾聽內在「心」的聲音。

你只需做出這樣的選擇，先選擇去相信，並且根據你所相信的採取行動，然後讓行動來創造經驗，經驗會改變你的認知，認知會形塑你的信念。最後信念會成為你的真理。這就是「相信就會見」。

我告訴你：「不是眼見為憑。而是相信就會看見」。

相信就會看見？

是的。

還記得我說過：創造的三個工具嗎？「思維、言語、行動」。

任何一件事情的創造，首先起於思維，然後表達成言語，最後透過行動而被創造出來。而「存在狀態（being）」會影響到你的思維，更真切的說：你選擇的存在狀態，將產生你的思維。當你是選擇是愛、喜悅、快樂、慷慨時，你就會展現出相對應的思維。

當你是與自心同在時，而你又能信任心的平安、喜悅、指引與豐盛時，你就能輕易做出愛、喜悅、快樂、慷慨的決定，因為你知道你自己是豐盛的，所以你也能夠自然而然的施予慷慨。

哇，這一切聽起來感覺很美好。真的這麼容易嗎？

就是這麼容易。就只是一個選擇而已，你做出選擇，然後根據你的選擇具以行動。並且看看接下來的行動將帶給你什麼。然後持續保持這樣狀態，你就越來越能夠回到自己心的存在狀態。

在你們的宇宙世界裡，存在狀態是一個強而有力的宣告，搭配「思維、言語、行動」三個創造工具，那麼你們就真的找回自已名符其實的身分：「造物者（Creator）」。

這是創造程序，這是把無形的生命能量，具體顯現化有形物質的程序。所有事物的發生，都是起於「存在」。所以我才說，存在是你的第一因。存在很重要，它只能在你心的層面被找到，無法在你的頭腦裡被找到。所以你要每天培養自己定靜的習慣，習慣與你自己的心在一起。

只要你離開頭腦喧囂，靜靜處在定靜裡，你就是與自己的心在一起了。你的心是遍及廣大宇宙虛空的存在，只要你放下頭腦疑懼，你就會處在心的軌道，和自己的心相處，比你想像的還要簡單。

如果你認為神是無條件的愛，那麼祂又為什麼把要祂自己隱藏起來，不讓你找到。如果真理是如此無條件的愛，那麼祂必然已將祂展示給你，只等待你的選擇而已。就這麼簡單。你無法活在神之外，因為整個宇宙都是神的場域，你無法活在宇宙之外，這就是關於你存在的真相。你就是這個宇宙的一部分。你無法不與自己的心同在，如同你的身體無法離開氧氣存在一般。

所以，當你處在自己人生低潮時，記得一定要定靜下來，選擇與你的自心同在。提醒自己回到存在的狀態，並讓隨之而來的靈感，引領你採取行動，做出選擇。

無論來到你眼前的創造，是否和你所期待的相符，你都抱以信心，知道眼前來到的每件事物，都是你自己在意識層面創造出來的，不論是從潛意識、意識、超意識，你都具以負責，然後根據當下自心，重新做出決定。

讓我再提醒你這個秘密，記住：時間並不存在。

所有的「過去、現在、未來」都只存在於「當下此刻」。在神的界域裡，沒有所謂的時間序列，一切都是同時存在的，一切都是同步存在的。就像你常在電影裡看到的那些軍隊列陣一字排開時，所有的一切都在同一個基準點上一字排開，一起攤開，毫無遮掩，毫無先後，一次同時呈現。

雖然，你暫時身在你的軀體裡，感知到時間與空間的限制。但這並不影響你創造事物的能力。

試想，假如你是一位桌球選手，你在平常練習時早已慣用反手殺球，為什麼你真正上場比賽時，你會懷疑自己反手殺球的能力？如果某種創造方式是你早已慣用的方式，為什麼當你換了一個地方時，你會認為這沒有效果？

效果是一樣的。邏輯是一樣的。方法是一樣的。神如何創造宇宙。你也就如何創造你的生命。沒有任何不同，完全相同。

無論你身處於物質界，或是意識界，所謂「意識創造」是你之創造本能。除非當你否認自己是「意識」，你才會認為你是在透過「行動」創造。

如同水沏成一壺茶，茶的本質仍是那水。你之意識，是來自於宇宙本源意識的那股能量，你的「質」與神的「質」並無不同，你是神的「質」，你是神的「料」，兩者相同。

是嗎？我認為不同，神創造了整個宇宙，而我呢？我……只不過泡出一杯紅茶。

你小看了自己，你也小看了自己泡的這杯紅茶。

難道不是嗎？在神的面前比起來，我的能力猶如只能泡一杯紅茶。

你認為神喝紅茶嗎？

我不知道。

我告訴你，神也喝紅茶。而且神自己泡紅茶。你知道神的紅茶與你的紅茶之間有何不同？

嗯，神的紅茶一定比較好喝。我的紅茶，嗯，……應該是一般般。

真的嗎？你要不要去問看看那些「手搖茶達人」？問看看，是他們泡的紅茶好喝，還是神泡的好喝？

哈，別了吧，他們會認為我是神經病。

好，我告訴你，那些「手搖茶達人」會說：我不知道神泡不泡紅茶，但是我可以跟你本保證，我泡的紅茶，是「超好喝，極好喝、神好喝」。

什麼？

你們人類不就常拿神來做比喻嗎？那些神回應、神好喝、神美食、………。我的意思是：不要小看你自己。永遠不要小看你自己。凡你所想，你必能成。

那麼，既然你說我那麼「神」，那為何我無法創造出自己想要的一切？

誰說你無法創造出你想要的一切？我告訴你：透過你的「想像」加上你的「渴望」，你可以創造出一座城堡。

「想像」能夠帶你看見多重實相，「渴望」將你推過去；「想像」能夠為你鋪出多重實相，「渴望」加快速度。

觀察孩子。孩子是你們的導師。看看那些孩子，當他們面對自己最想要的禮物時，他們是走過去拿，還是跑過去拿禮物？

跑過去拿禮物。

是的，孩子會興高采烈的跑過去拿禮物，那是「渴望」的展現。

那麼我要如何保持渴望呢？

帶有「完全相信之心」與「絕對自我主導之覺知」。

那意謂著：完全相信自己能夠創造一切，無論是財富、健康、關係、事業，完全都能夠按照你的意思來創造。沒有任何變數、沒有任何藉口、沒有任何規矩、沒有任何邏輯，一切都是按照你心中所想的那樣來創造。

記住，外在沒有別人，一切都是你自己。外在沒有神，你自己就是神。這是最大的醒悟、最大的覺知、最大的勇氣，也是你最大的力量。

你喜歡看《復仇者聯盟》嗎？你認為「漫威」電影裡面誰最厲害？

奇異博士（Doctor Strange）。他能夠藉由古老的咒語，召喚宇宙能量，設立屏障，保護地球。他還能夠去到未來，窺探多重實相，操縱時間，把大魔王困在時間片刻裡，完成一場「不可能的談判」。

你覺得那只是電影嗎？

哈，那當然是電影耶。看看就好。

不。那些科幻劇作家，是你們地球上最富想像力的人。他們往往是人類的「先知」。

我怎麼覺得你是中二生。很迷戀某種漫畫，完全沉浸在那個漫畫世界，而且製造出

真人動漫角色。

你何不稱我是「怪咖」？

對，你就是怪咖。

很好，我當這是恭維。因為我做我自己，我並不需要你的認同。如果我做我自己，會讓你覺得我是怪咖，那代表我還蠻成功的。放棄尋求外在的認同，是你重拾自我力量的第一步。

你的成功，必得來自於你個人的衷心渴望，與想像力。在你「想要的」世界裡，不容許任何失敗的宣言，而只有持續自我成長的經驗。唯有到你展現了這樣的決心與魄力時，你的「熱情」將是一把熊熊火焰，炙烈昂揚地照亮著你的「夢想」。

「完全相信之心」是你切換多重實相的變頻器，也就是遙控器。如同你看電視時，你握在手中的遙控器，你想看哪個頻道，就切換到那個頻道，因為你知道所有的頻道都在，你能夠隨心所欲的去挑選你喜愛的頻道。

「絕對自我主導之覺知」是指：你手握的力道有多緊，當你手握這支遙控器時，你握得有多緊？那代表，你認為外在沒有任何賞善罰惡的權威，能夠奪走你手中的遙控器，除非你將它交出去，否則別人無權替你決定要看什麼頻道。（但是我必須提醒你，任何一個決定都會有一個相對應的結果。你得謹慎選擇，但不要害怕做出選擇。）

這也是生命「多重實相」的運作方式：所有頻道都已然存在，關鍵在於，是你自己選擇播放，還是由其他人替你決定播放。而你真正要克服的，是自我的「疑懼之心」。因為當你產生疑懼時，你就是阻礙了自己的「創造之心」。

那怎麼可能？我看電視時，我都是自己手拿遙控器，選看我自己要的頻道。

嗯，但你的人生卻往往不是這麼回事。大部分的人，他們的人生往往都是把遙控器交給外在的情境來決定自己的人生。那些坐在電視機前面的人毫不思考，把電視新聞之所有負面訊息，當作社會寫照。

那些坐在辦公室裡的人，把忍受工作當作唯一出路，毫不懷疑自我人生之展現，是否還有其它可能。

那些把「選擇權」交出去的人，往往都是那些最會抱怨的人。因為除了抱怨之外，他們無法做任何事情。他們相信自己毫無能力做出選擇，所以只能抱怨。因此，別把你的「選擇權」交出去，無論專家、上司、權威、領袖、宗師、老闆、政治家、朋友、家人；或甚至是宗教的業力、輪迴、償還、果報……等等。

別把你自我成長的責任，交由外在決定。別把你自我成長的喜悅，交由外在決定。除非你自己決定，你才能感到真正喜悅，除非你自己決定，你才能夠擔起更多責任。

所以，對於你的夢想、理想、盼望、願望、甚至是任何祈願之事，你都要懷著強烈的「信心」，保持你的「存在狀態」，那將會引領你進入宇宙豐盛之流，隨著宇宙豐盛的生命能量，隨之同步創造奇蹟。

那麼我要如何才能更加把握宇宙當下的脈動？

「Now, or Never 不是現在，更待何時？」，心中一有靈感，就採取行動，不要讓頭腦疑慮，將你的靈感拖到不了了之。一有靈感，馬上去做。永遠活在「當下此刻」，不要活在過去與未來的幻覺之中。

對自己要有信心，當你說自己是自由的，那就代表此刻的你是隨心所欲的，你的一言、一行、一思維、一行動等等，都能夠在每個當下片刻，創造全新的振動能量，賦予環境不同的契機。

選擇活在「喜悅、渴望、精神奕奕」裡，而不是活在「受限制」的概念裡。選擇活在「喜悅、渴望、精神奕奕」裡，你就是處在「主動創造」的能量裡。

無論做任何事情，關於做事的理由，永遠都只來自於一個關於你自身的宣告：這就是「我」。

我是善良的嗎？我是慷慨的嗎？我是充滿神性的嗎？我是豐盛的嗎？我是否能夠把我自己所選擇相信的，作為我自己的存在狀態。我是否信任宇宙，信任自己的心，然後在當下每一刻，安住在平安、喜悅、自信、自愛、分享、熱情、寬恕的振動頻率裡面。

我告訴你，你所選擇的存在狀態（being），將為你帶來更多相同且對等的東西。當你處在這樣的存在狀態時，你就是和宇宙處在同步創造的狀態。你是與神共同創造。

從中躍出許多關於這個狀態的特質與作為，而不是被逼迫這麼做。無論是「時間、上司、環境、或任何外在條件」，沒有任何人事物能夠逼迫你做任何事情。當你處於「主動創造」的狀態中，你就是在創造你想要的結果。

那如果我不喜歡我目前的狀態呢？我是指我的環境、關係、工作呢？

重新選擇。並且忠於自心做出決定，勇敢重新做出選擇。

你必須對自己的振動頻率負起責任。如果你無法離開目前的工作，那麼你就切換自己看待這份工作的視角，選擇去看見這份工作帶給你的正面價值。無論何種工作，你一定能夠從中發現正面的價值。然後開始培養你轉換工作的能力，直到你能夠勇敢做出新的選擇。

你看過油畫嗎？那些創作油畫的人，是如何創作出栩栩如生的作品？

嗯，不斷塗抹，覆蓋，重疊。

是的。相信我，失敗並不存在，有的是持續探索自我的經驗。關於我是誰、我想做什麼、我選擇做什麼，都必須由自己的心做決定。這就是你靈魂自我進化的旅程。

你用來創造人生的方式，和創作油畫的方式很類似。當你畫錯一筆的時候，你不用去擦拭它，也不要懊悔它。你只要重新做出選擇，用其他顏料繼續作畫就好。因為你抹上去的顏料，無需擦拭，那將成為你生命的「厚度」。最終你會從這些「厚度」當中，堆疊出屬於你自己真正獨一無二的輪廓。

嗯，那我如果真的想要離職呢？如果我真想要斷然做出決定呢？有沒有什麼建議可以給我？

藉由「調整你的存在狀態」，讓你的存在狀態保持在跟隨你的自心，讓你的心來引導該如何做出當下反應。每當遇到困窘境遇時，永遠提醒自己：跟隨你的心。

跟隨你的心。根據當時你的心引領你的、啟發你的、覺知你的、靈感你的、巧合你的、振奮你的、激勵你的等等，採取行動。

尤其在你緊要關頭的時候，更要保持與你的「心」同在，你的心是平安存在。當你保持與自己的心同在，你就是保持與平安同在。在平安狀態中，會躍出平安思維。

❊小小叮嚀：感受心中渴望

關注你心中的渴望，它往往與造福人群有關。那是你靈魂願望，它與服務「一體性」有關。

所有的生命，在更深的層面中，都是相互連結的。而靈魂最深層的渴望，除了表達它自己之外，就是服務那「一體性」的生命。花點時間，與你內在的渴望「在一起」。不用去思考它，它會自然向你顯現。你所需要做的，就是靜靜地與它同在。而你將會發現它。

當你回應自心靈魂渴望時，你就是選擇處在自己靈魂振動頻率最高的存在狀態（being）。你會感到平安、喜悅、平靜、安適、篤定。

另外，很重要的一點是：永遠要提醒自己，是生命能量在維續著你的存在，不是任何金錢或外在物質條件在維續著你的存在。保持自己對生命的信仰，你會克服任何來到眼前的恐懼。

第十九章　永遠是時機而非時間

天上地下，每件事物，都有它的時節

時間，是個幻覺。而時間最大的弱點，也就是因為它只是個「幻覺」。這點對於創造者來說，是最重要的一項覺知。你不必因為正在創造的事尚未發生，而感到愁苦。但幾乎所有歷經創造過程的創造者，都曾陷入時間這個幻覺的陷阱。也就是認為自己所祈禱之事，遲遲沒有出現，因此在「等待」過程中，漸感灰心與無力。

但不必如此。你即使無法看透時間是個幻覺，你也能夠持續保持在你的創造之道上。

因為，時間本身就是個幻覺。對於幻覺而言，就像對待煙幕一樣，當時機到了，幻覺布幕會掀開，幻覺本身藏不了任何東西。只因為你的渴望是如此強烈，信心是如此絕對，因此當你堅決往你的夢想走去時，最終你的意圖與渴望，會成為揭露那時間帷幕的推手。

時間，在終極實相場域裡並不存在。時間，是為了讓你們體驗到自己的創造歷程，從中感知關於創造的信念、體驗、感覺、喜好、然後再根據當下經驗，重新選擇創造。

當你談到創造時，時機比時間還要重要。時間不重要，時間只是個幻覺，既然它是幻覺，那麼你根本不用去擊敗它，它自然就會消散逝去，尤其當你的意圖與渴望夠強烈時，沒有任何煙幕是可以遮蔽你的視線的。

作為創造者而言，你們的焦點不是放在時間上，而是放在「時機」上，信任這個宇宙能夠為你完成任何事情。無論任何事，只要你所欲之事，它都會被創造出來。同時你也會為自己的創造負責，深愛自己的創造。

真真切切的告訴你：無論你心想何事，宇宙都會為你完成。因為你的意識就是那造物主，神創造你的時候，就已把你放在製圖台上了，由你來設計自己的藍圖，而宇宙負責組裝生產。

可以說，當你跟隨自心創造時，你是和宇宙在「共同創造」。

每一個靈魂都有自己心中最理想的版本，那即靈魂獨一無二的本質，靈魂各個都是偉大的老師，都有自己所欲顯化的奇蹟，你是那偉大靈魂，而靈魂之歌可以用不同的方式演唱。

所以，當你困在時間的陷阱裡時，我要告訴你，請持續保有你的信心、意圖、渴望、動機，因為那是你的「舵」，那是你說你要去到某個地方的「座標」，只要你把這個「座標」掌握住，那麼船就一定會到達那個「位置」。

我不是說了嗎？時間只是一個幻覺，它能夠困惑你的心智，卻遮掩不住你的意圖，更阻擋不了宇宙的創造。時機才是你真正應該注意的事情，而非陷入時間幻覺。時機來臨時，你會知道。因為是時機來時機你，而非你決定時機。時機是宇宙的鬧鐘，當宇宙鬧鐘響起時，就是時機到來時，你一定會被叫醒的。

因此，當你在心智層面決定了要創造某件事情的時候，當你在心靈畫面中完成一次祈禱之後，接下來，你必須跳脫你的心智（Out of your mind），你必須「失心」，你必須切換「頻道」，將你的注意力切換到你的「存在」，讓你的心來引領你。讓宇宙來安排一切組裝，你只需見證奇蹟就好。

別再把你的注意力放在時間上，時間不重要，重要的是「時機」，那代表在對的時間、對的地點、集合對的人、完成對的事。這是一個「漸變」的過程，這是一個「能量」的過程，這是一個「奇蹟」的過程，所需要的是堅定不移地信心、意圖、渴望、信任和感恩。

大師不會把注意力放在「時間」上，而是把注意力放在「心」上，他們是用心與宇宙同步生活，那包括靈感、第六感、直覺、甚或是心中一閃而過的最細微念頭，那些才是大師真正關心的東西，也是你們這些創造之人最該注意的東西。

所以，傾聽你的「心」吧！它比時間還要珍貴，當依「心」而行。

記住：心更勝於頭腦。頭腦是這個世界傾倒給你東西，心才是來自於宇宙要給你的訊息。

❀ 小小叮嚀：頭腦是恐懼來源

時間是頭腦投射出來的幻覺。當你在定靜中與自已同在時，你的臨在會告訴你這個真相。時間是頭腦的東西，它本身只是作為一種工具被使用，用來作為與人交流往來工具，當工具被使用之後，就可以放下來了。

因此，不要再把頭腦投射到未來，未來並不存在。我們真正擁有的是現在當下此刻，在每一個當下此刻，都依尋著你的心，去從事令你喜悅之事。喜悅是一種能量，它代表此刻你已與自已內在無條件的愛對齊，所以你會感到喜悅這種能量。

相對地，當你感到壓力、焦慮、對未來恐懼時，你就是掉入了頭腦投射，投射了一個由自我想像的恐懼未來。人類很少探討情緒作為一個能量形式存在，它本身所要傳達的訊息是什麼。

所以，持續選擇在每一刻當下，去從事自心想要做的事，你就會感到喜悅。喜悅會吸引更多喜悅，當喜悅在內持續增長時，你的生活一定會充滿豐盛、驚喜、與奇蹟。生命是個自我進化旅程，其本身所包含之蘊意早已超越一切。

第二十章　成為你自己的「高我」

唯有先完善自己，才有餘裕，給出無條件的愛

愛，能夠創造奇蹟。

我們的本質是愛，我們的天性是愛，我們不可能不去愛，我們不可能壓抑愛。唯有透過愛，我們才能完整自己。

無論是愛你的孩子、你的家人、你的朋友、你的世界、與你所見到的每一個人。我們透過給出愛，證明了自己的存在。不需要溝通，不需要交流，儘管給出愛就是了。

愛本身，自然會創造溝通，自然會帶來交流，自然會形成無限迴圈。因為愛的本質就是無限。

很多人都會問，先愛自己，還是先愛他人。

我會說：先愛你自己。唯有先完善你自己了，你也才有餘裕，給出他人無條件的愛。一個人不可能在自我匱乏的狀態下，勉強給出自己沒有的東西。然而匱乏只是

一個心態，當你轉換了心態，你會發現自己永遠有很多東西可以給出去。哪怕是一個最簡單的微笑。

你知道嗎？微笑是你們最好的習慣。我從沒有見過這麼好的習慣，天天微笑，時時刻刻微笑，見到人就微笑，你就打開了能量交流的境地。你與任何人都能夠微笑，當你打開了能量交流的境地，你才能發揮你的影響力。

古有云：「一笑傾城」。那不只是對女性而言，對男性也是。無論你是男性或女性，一笑都可傾城。

那麼，愛自己是什麼意思？

愛自己的最充分表達就是：先忠於你自己。

那不是關於你喜歡什麼，或不喜歡什麼。你喜歡什麼，或不喜歡什麼，那只是心智的偏好而已。隨時都可能改變。如同你小時候不喜歡吃蔬菜，長大後卻因為身體健康而天天吃蔬菜。心智是個聰明的傢伙，它會隨著自己的喜好，調整自己的胃口。

我說的「愛自己」：是了解你自己的靈魂。你內心深處是誰？去與它在一起，問問它，它想要做什麼？每一個人的內在，都有一個更高的自我，等著被探問。它是你「最高版本的」自己，它是你「最高善」的自己。除了你之外，全世界沒有人知道它存在。因為它不在世界上的任何地方，它只在你之內。

它是你內心最深處的渴望，關於你是「誰」渴望，關於你想成為「誰」的渴望。而當你知道自己渴望成為「誰」時，你才算是真正的「忠於你自己」。

可是如果我想成為的「自己」很籠統呢？

給自己時間，去問自己的內在，她會給你「感覺、畫面、喜悅、期待、興奮、與自我良好」來回應你。這是你愛自己的第一步。

如果你說你想去愛人，那麼你第一步應該做的：就是先愛你自己。那意味著忠於你自己的內在，先成為你自己，先與你內在的那位「最高版本、最高善的自我」相呼應。

所謂內在的「高我」，並不是某個假想出來的人格，而是指存在於「此時此刻」，那位已然實現最理想、最高善版本的「你」。

我不明白，你是指「現在的我」和「未來的我」同時存在於「此時此刻」？

是的。還記得嗎？「時間是個冥頑不靈的幻覺」，在「終極實相」裡，一切都存在於「此刻當下」。

想想你的童年，在你還是童年時，你遭遇過什麼樣的經歷？而如今的你，是否有什麼「訊息」想要給你心中的那位「小朋友」？

嗯，我會跟他說：「我愛你」。

是的。如同你與「內在小朋友」的對話；身為未來那位「最高版本的你」，也是透過同樣的方式和你「對話」。

這……怎麼可能？

你以為這一切都是你「想像」出來的嗎？在靈魂次元裡，一切都存在於「現在」。差別是，「未來的你」知道能夠以此方式和你對話，而「現在的你」卻認為，這只是一種幻想。

你可以把「高我」想像成是你任何一個願望的「實現版本」。例如：你最健康的版本、你最成功的版本、你最富有的版本、你最開悟的版本，你最幸福的版本。

總之，你的「高我」是一個不斷進化的「能量體」，這個「能量體」和你是同一個「意識」，「意識」能夠存在於「過去、現在、未來」三個時間點上，因為根本沒有「時間」，「時間」是一種物質上的「幻覺」。

你說「時間是個幻覺」，但我卻明明白白的正在「體驗」啊！

是的。時間有其存在的必要，因為它讓你的「生命」得以被切割成「片刻」，讓你能夠實際地「體驗」關於你生命的每一個片刻，如此的體驗能夠幫助你進化，就在一個個片刻之間，你不斷的進化，進化成最高善的你。

但是，時間不應該成為你創造「個人實相」的障礙。

當你明白了時間只是個幻覺時，你就能用更宏觀的角度來看待你的人生。而不是被困在你目前的狀態裡。

如果你想要超越「現況」，你就必須先跳脫「現況」，去到「未來」；讓「未來」成為你此刻的「狀態」。那麼，你所願的「未來」，就會真的成為你的「個人實相」。

而這一切發生的基礎，都是來自於一個覺知，那就是：「過去」、「現在」、「未來」是同步正在發生的。

過去發生的事，現在仍正在發生；未來將要發生的事，現在也正在發生；「未來」、「現在」、「過去」三者就像肩並肩、手拉手朋友，他們「齊步」走。

關於這點，你可以參考《超越線性時空的回溯療法：平行實相的啟示和療癒 Mira Kelley著，2016》。這是一本關於「宇宙平行實相」經典論述，值得一讀。

但是在這裡，先讓我用一個比喻來輔助你了解，時間如何是一種「幻覺」：

想像你在桌上攤開了一張「白紙」，你在這張紙上用「鉛筆」劃出三個方塊，這三個方塊就當作是三個「時間」片段，即：「07:00~08:00 am」、「08:00~09:00 am」、「09:00~10:00 am」。

然後你在三個時間片段上，依序標出：「早餐、通勤、抵達公司」。

接著，想像你是白紙上一個「小人偶」，你「依序」經歷了「早餐，通勤，抵達公司」。你是畫面中的那個「小人偶」時，你正在經歷「時間」。

然後，你再換個「視角」，從那紙上的小人偶走出來，成為此刻正看著這張圖的你，你一看就知道，紙上有三個「時間片段」，三個「時間片段」同步存在。

時間，是「視角」的問題。

當你身在「電影故事」裡時，你是那電影中的主角，你會經歷時間。但是當你坐在觀眾席欣賞電影時，你知道電影中的「一切」都已存在了。如果你是導演，你還可以同步播放電影的「前段」、「中段」、「後段」，然後根據你想要的「結局」，調整電影的情節。

身為創作者的你，你知道那三個「時間片段」是你虛構上去的，為的是更「完整的」交代故事歷程，讓故事歷程更加「逼真」。

你知道「時間」並不存在，那是你自己「切割」出來的三個片段，你把它稱作「時間」，但事實上，是紙上的那位「小人偶」經歷了一連串的能量組合，然後「變成」某個存在狀態，也就是從「早餐的小人偶」、「通勤的小人偶」，一路變成「抵達公司的小人偶」。

是的。你的身體看起來經歷了「時間」與「空間」。然而你卻無法確定你的「意識」是否也像你的身體一樣，穿越了時間與空間，因為你的意識一直都在「現在」，永遠都是處於「當下、這裡、現在」。

你能夠說自己的身體慢慢老化，你卻無法肯定的說：我的「意識」也老化了。因為「意識」是一個你看不見，只能「覺察」的層面。你無法說自己的「意識」老去了，因為你摸不到、看不到自己的「意識」，你只能說自己的想法變古板了，那是你來自於對自己的判斷。但即使是那個用來判斷的心智，也是來自於此刻你正在感知的「自我意識」。

所以，真正來講，是你的身體在經歷時間與空間，而你之意識，正在體驗這一切。你的意識就像如如不動的「存在」，念頭持續生滅，覺性不生不滅，如同螢火蟲之光，在一閃一滅之間持續「存在」。

這就是關於你「意識」的真相。你的意識永遠不會死。它是能量的存在。只要有能量，就有它的存在。

所以你會在某些瀕死經驗的報告裡，看見某些人發表了自我瀕死經驗的奇遇。其中大多數的經驗者都會說：他們死後，意識離開了身體，卻感覺自己「遍處都在、無處不在」。

還有些人會告訴你：他們能和寵物溝通、和植物聊天，甚至和某人心電感應。這一切都是因為你和世間萬物的「意識」是同一塊料，都是來自於那位宇宙本源意識。所以，儘管在表面上看起來你們彼此有「差異」，然而在意識的深層狀態下，你們卻是相連一體的。也就是：你們全是一體的。如同「手指之於手掌、手心之於拳頭」。當你們把拳頭握起來的時候，你們象徵自己是「一體的」。

這是一個很重要的覺知：「我們是同一的（We are the One）」。

於是，你今天終於明白，為什麼「幫助他人就是幫助自己」。因為你們在更深的意識層面上，都是共同連結的。

那麼，我們再回到時間的軸線上來看。時間是「物質世界」的元素，它的存在與否，是「視角」的問題。當你從「外」向內看，你會看到白紙上那「同時存在」的三個「時間片段」；但是當你置身其「中」時，你會發現是「自己」在經歷那三個「時間片段」。

在白紙上的你，只能處在當下的「某一個點，某一個片刻」，然後去到「另外一個點、另外一個片刻」。你無法跨越「界線」，你無法置身「界」外，去看見所有的「存在」。

在你的「認知經驗」裡，你認為「未來」在你前方，而你正朝它走去。你說：「它是我的未來，我會成為它」。但是你所說的「成為」，實際上在說的卻是：你的「意識」正在經歷一連串的「能量場域」。而你的「意識」就是這些「能量場域」的創造源頭。

當然，時間會成為你勘不破的幻覺，是因為「空間」。「空間」強化了你們對於「時間」的感知。因為你發現，當你要從某個地方去到另外一個地方時，你會花上一段時間。

然而，所有的物質都是由「能量振動」而成。即使在你面前的那張白紙，它也是由能量組成。當你是紙上的一個小人偶時，你說你在紙上。但是當你「融化」成為那張紙上的「能量粒子」時，當你「被同化」成了那張紙，你會發現自己竟然成為了那構成紙張的「全部能量」的「一部分」。

如同一滴水進入了汪洋，你將無法辨識自己與汪洋的差別。也許在陸地上，你能夠知道自己是一滴水，但是在一片汪洋裡，你只能知道自己是「一片」汪洋，沒有「此與彼」之分別。

在「能量」的界域裡，粒子本身分裂成更多粒子，而每一個粒子構成了整幅畫布。每一個粒子都從「源頭」誕生，每一個粒子都是「源頭」的「另一個存在」。而粒子與粒子之間能夠同步感知、同步回應。因為他們的本質都來自於那當初的「一（the One）」。

這就是你們科學家在量子領域裡發現的驚人秘密：粒子的同時性與同步性。

例如：受試者的DNA能夠在相隔遙遠的異地，同步對「刺激」做出相同的反應；其中完全沒有絲毫的時間差與距離阻隔，兩者完全同步，就像「同一個粒子，同時存在於兩地」。

你們的科學家也發現，這些構成世界的「基本粒子」，似乎有它自己的「智慧」。更甚者，從「觀察者效應」來看，人類的意識，似乎是「粒子運動軌跡」的共同參與者。

這裡要揭示的重點是：你的每一個片刻，都在創造一個新的可能。能量粒子的排列組合，不僅是外在隨機反應的結果，也受到你「自我意識」的影響。

你的人生就是一幅「量子畫布」，這是你們科學家發現的偉大真理，你的每一個片刻，實際上，都在穿越「幾百萬種不同的可能」。某些人會說：外在的事物是被我吸引而來。但是更精確地說：是你在自身場域裡，創造了振動能量，吸引外在的一切朝你而來。

吸引力法則：同頻共振，同質相吸，只是一個「描述」。重點是：你的「意識」才是其中真正的「磁力源頭」。你確實是「自我人生」的創造力源頭，你是自己的「主宰」。

讓我們再回到你的「高我」。

你的高我，不僅是你最高版本的自我，他/她還是你最「進化」的自我。想像你的「高我」目前正從你的高處上方「俯看」著你。他明瞭你目前的一切現況。因為你的「高我」明白：在「意識能量」的層面裡，沒有「時間」的束縛，他與目前的你是「同步」存在的。他能與你的意識溝通，他知道在意識的深處，他與你相互連結，而此份連結是超越時間與空間的。

你是說：「未來的我自己」正在和「現在的我自己」對話？

是的。「未來的你自己」正在幫助「現在的你自己」。

然而，除非你將自己的心智靜下來，否則你無法聽見「未來的你」對你說「話」，亦即你的「直覺」對你說話。因為你有自己的「自由意志」。即使是你的高我也不能干涉你的自由意志。但是你的「高我」會盡可能地讓你聽見他的聲音。

想像你和「高我」拿著一只麥克風，如果整只麥克風都是你在講話，那麼你的「高我」如何向你傳達訊息？

因為你的「高我」是用「同一個意識」與你溝通，如果你的「意識」一直陷在「心智判斷」裡，那麼你等於在自己的「意識頻道」上掛出「忙線中……請稍後再播」的牌子。然而，你的「高我」卻持續在彼端等候，等待你頭腦有「空」時，插播進來。

看看那些歷史上偉大的宗師，無論是耶穌基督、佛陀、甘地、德蕾莎修女，或是任何一位卓越的成功人士，他們都需要「靜默（silence）」，他們都需要「片刻獨處」，他們都需要「靜心」，他們都需要「默默地祈禱」，為的就是與他們內在的「高我」連結。

為什麼和高我連結這麼重要？

因為他是你最高善的「存在狀態」，他存在於你的「現在」（時間沒有過去與未來，一切只有現在）。他是持續進化的「你」。「高我」不會有極限，他是隨著你當下願望而持續擴展的「意識存在」。

例如：當你許願希望自己更健康的時候，你的「高我」就會因為你的願望，而進化成為更健康的「你」。而更大的意義是：你的「高我」能夠跟你同步「連結」，他能夠給你許多「指引」，引導你一步步走向他的位置。

如同電影「星際效應（Interstellar）」中，父親在不同的時空維度裡，透過平行宇宙之重疊實相，將秘密交給了他的女兒。父親驚訝於兩個平行宇宙之間的重疊，竟然能夠讓他與年幼的女兒傳遞訊息。這就是為什麼，傾聽你內在的「直覺與靈感」，是多麼的重要。

因為關於你未來的發展：

你的「高我」才是你的「真理」，你的「直覺」才是你的「方向」，你的「靈感」才是你的「道路」。除此之外，外在所有的一切，都只是參考。關於你真正想成為「誰」的道路，其實一直都在你心中。

那我要如何和「高我」保持連結？

把自己裝扮成「高我」。不只是外表「像」，就連「裡裡外外」都要「一致」。和你的「高我」同步生活，在你的生活中「展現」高我。

你是說，我要「假裝」成「高我」？

「假裝」是一個說法。但是在「能量層面」裡，沒有所謂的「假裝」這回事。只有「變成」這回事。

去觀察孩子，孩子天生是創造力大師。孩子是最接近宇宙能量的「意識體」，因為他們剛從宇宙彼端，誕生來到這個地球。

當孩子想要成為卡通人物時，他會把自己「裝扮」成卡通人物。而且不只在外表裝扮，就連在心裡也是那樣「想」。當他成為某個「英雄」時，他不只表現在行為舉止，他們是真的認為自己「正在」拯救世界。這就是孩子的「創造方式」。沒有人教他們這是怎麼一回事，但是幾乎全世界的孩子，都是以同樣的方式在「創造」他們的「童年」。

為何？

因為這是靈魂本身的創造方式，靈魂本質就是用「意識」創造，用「想像」創造。

「意識創造」之所以會有用，是因為這個世界上所有的物質，都是能量的組成。而所有的能量來源，都來自於那永恆存在的「宇宙意識」。而你的「意識」出自於祂。你的真正身分就是「祂」。只是你「忘」了。

祂既是你的意識，也是外在的一切。

當你認真思考一件事情時，請小心「思維」。因為無論你「思維」何物，何物都會成為這個世界的「真實」。所以，當你說你想從這個地方去到某個地方，你想從目前這個狀況，去到未來的某個狀況。那麼你最有效率的方式，毋寧是直接與你的「高我」連結。連結方式如下：

一、內在連結：傾聽你內在的直覺。

二、思維連結：想像你成為「高我」時，你所賦予自己的「人格特質」，包括：熱情、積極、主動、慈悲、愛、勇敢……等等。人格特質是一個人「存在」的核心。當你先確立了「核心」，那麼你的「言行舉止」就會有所遵循。讓你的「言行舉止」都從這個「核心」出發，你就會展現出強大「振動能量」，你會展現精神奕奕、神采飛揚。你的喜悅與自信會「感染」周遭人。

三、言語連結：和你自己的內在對話。問問你自己的內在某些問題，它會以「靈感、直覺、巧合、幸運」來回應你。

四、行為連結：使你的「外在裝扮」與「一言一行」，都與你的「高我」相符。你的「高我」，自然會給予你「引導」。最後，你會「弄假成真」。因為在宇宙裡，一切都是由能量「變成」。

你不需要小叮噹的「任意門」，你只需要換上你的「高我裝備」，你就能讓自己「改頭換面」，安全抵達目的地。

當你展現某種「存在狀態（being）」，發出「振動」，一連串的「奇蹟」與「靈感」就會朝你相繼出現。

當你在心中「想像」自己是「某人」或「某種狀態」的時候，你的意識正在創造振動。

你的意識是「能量發電機」，你的靈魂是「能量發電機」，你的靈魂能量直通宇宙本源的「意識能量」，凡你「刻意所想的、所做的、所裝扮的」，你都是在「變成」。

「意識創造」是靈魂「本能」。如若離開了這個「本能」，也就等於離開了

「神」、離開了自己的「神性」。

所以，永遠要回到你們內在的靈魂，從你們的靈魂出發來思考人生。因為，你們的靈魂在哪裡，你的能量就在哪裡！（Where is your soul, where is your energy！）。

要成為真正的你自己，成為你自己的「高我」。傾聽你自己的「內在感覺」，放下所有你自以為知道的「能與不能」，相信「高我」與你同在，並且會在最佳時機給你導引。

這是最快、最可靠、最圓滿的成功方式，除此之外，別無其它。

最後，你必須時時刻刻，肯定你自己。不用擔心你成為「高我」的過程中，會發生什麼困擾。當然，你會需要一點勇氣，一點突破，一點神經質。但那沒有關係，外在的「境遇」都會隨著你的改變，而同步改善。

你的「存在」本身就是一個振動。當你向外在展現你的「高我」時，你會是精神奕奕、神采飛揚、充滿自信、大量學習、自我進化的。外界會被你感動，甚至會被你振奮。你的高頻振動，在無形之間，美善你身邊的人、事、物。這是能量法則：同頻共振，同質相吸。

不適合的人會離開；留下的人會被改變。當然，你必須與身邊的人充分溝通，盡你所能。如果他人還是無法理解，那麼你仍然要做你自己。朝你「最高善」的腳步邁進。

就算現況對你而言，產生一連串的挑戰，這都沒有關係，它們會療癒自己，那就像身體面對改變時的「好轉反應（Reverse Reaction）」，短暫不適，最終也會完全康復，而且更加健康。

❀小小叮嚀：培養你的直覺力

培養直覺的方法就是：勇敢行動。讓行動帶給你答案。當你對自己內在問了一個問題時，或是平常生活裡，在腦袋一閃而過某個念頭時，不要忽視它。

不要讓你的疑惑，把直覺拖到不了了之。不要過濾直覺，一有直覺，馬上行動。你的直覺力，就會越來越敏銳。

第二十一章 感恩的終極力量

感恩吸引更多感恩，豐足吸引更多豐足

設想：你的人生今天就結束了。

你說什麼？

設想：你所有的夢想在今天也全部完成了。

嗯嗯。

設想：就在這一切都結束了之後，你會說什麼？就在你的夢想全部都實現了，就在你曾經認為必須要有的渴望全部都滿足了之後，你會說什麼？

我會說：謝謝。

是。你會說謝謝。那麼請相信我，不要等到所有的願望都實現了之後，你才說謝謝。現在，此刻，就先對你所有的願望，抱持感謝吧。為了那些「所有已然實現了的願望」預先感謝。

我不懂，如果願望還沒有實現，我要如何感謝呢？我是指：我要如何真誠感謝呢？

孩子，不要疑惑。感謝之心並不來自於外在，它就在你的內在。真誠感恩本來就是你的本質，你之所「是」。還記得嗎？你是愛的存在，愛的崇高面向都是你的本質，你是光。是無條件的愛。所有你認為必須從外在得來的事物，全部都是來自於你的內在。

你以為要等到有人愛你，你才會感到愛。但其實你的內在本就具備了愛。你以為要等到有人滿足你，你才會感謝，但其實你的內在本身就是感謝。你以為要等到有人鼓勵你，你才會勇敢，但其實你的內在本身就是勇敢。

你的內在已經具備了所有的一切。任你取用。

但是我不懂，如果我只是對那些願望說謝謝，這有什麼用呢？

有的。它是一種強而有力的宣告。它對宇宙宣告了一件事，就是你所感謝之物已然存在於宇宙中了，你很「確信」它已然「存在」了，於是你抱已感謝。預先感謝之情，等於是提早宣告了某件事物已然存在於宇宙的這個「事實」了。

可是我沒有看到那些完成的願望啊。

孩子，宇宙不在外面，而是在你裡面。宇宙不是用來被你祈請的，而是用來為你服務的。

不要忘了，我說過你是「神」。這一點千真萬確，不容懷疑。孩子，你是神，除了神之外，不要把自己表現為任何次於神的東西。

謝謝你。

記住我曾教過你的，時間、空間都不存在。時間與空間，是你心智上的產物。當你受限於心智觀念時，你就無法跳出恐懼的牢籠。

恐懼是個幻覺，不要被它所迷惑。恐懼困不住你，因為你是那製造恐懼的來源。你之所以是那來源，是因為你認為你較次於這個世界。

你以為外在有個世界來操控你的生命大權，你以為外面有個生存標準來決定你是否繼續生存。但在這裡我告訴你。外在沒有任何東西。所有外在之物都是由你心中生起的。外在沒有任何恐懼，所有恐懼都是從你之心而來的。

如同所有的大師們一再告誡你們的：外在世界是個幻覺。它不是指你所經歷的事情全部都是虛幻的，也不是指你所經歷的一切都沒有意義。它所揭示的真理是：一切都是能量的聚合，而聚合那些物質的能量，則是來自於你內心的投射。換句話說：你才是這個世界的始作俑者。你才是這個世界的製造者，你是自己的造物主，所有你曾經歷的，你將經歷的，你都有絕對控制權。

可是我依然會感到恐懼。

沒關係。把你的恐懼交託給天使。

天使？

是的。天使是宇宙之間，更高維度的生命體。它們是來自於更高維度的無形存有。它們本不具任何物質形體，但因為他們來到地球，為協助地球人完成進化，因此他們會幻化作為人形，讓你們感到熟悉，不至於害怕。

你是說這個世界上真的有天使？

是的。真的有天使。還記得那晚你哭泣的時候嗎？

我記得那天晚上，我因為自己的前途不知所措，心力交瘁地掉下淚來。但是，很神奇的是，就在我放聲哭泣時，我的腦袋突然出現了一個「覺知」，那份「覺知」安慰了我，我知道那不是我自己的聲音。此時，窗外吹來了一陣微風，我聞到了一陣花香。

嗯，那份「覺知」是什麼？

這份「覺知」是一句話，它從我腦袋中浮現出來，它說：「所羅門王的鑰匙只有一把，那就是信心。有信心之人，終究會開啟屬於他的寶藏」。

很好。這就是天使給予你的答覆。你的身邊環繞著許多天使，他們都非常愛你。如果你感到恐懼，是因為你只顧著埋頭看向自我的焦慮，卻忘了抬起頭來，去看看你周圍的天使。

我要如何看到那些天使呢？

用你的心。孩子，無論你想做什麼，想說什麼，想祈請什麼，想看見什麼，都要用你的「心」。

用我的心？你可以教我嗎？

閉上你的眼睛。以你之心，真切的祈請，你的願望就能傳達給天使了。天使不在遠方，它只存在於你的「一念之遙」。

我一直以為那天晚上的「覺知」，是出於我的靈感。

嗯，你一直很有靈感。靈感是你的寶藏，它們也是來自於天使的低語。你一直在鼓勵著自己持續前進，這點你做的非常好。記住，這個世界上沒有巧合。那天晚上發生的事，關於你的覺知、你聞到的花香、你心中升起的感激之情等，都不是純粹巧合。若說是神啟，那也等同如此了。

所以，如果你此刻仍然感到恐懼，那麼就把你的恐懼，交託給天使吧。你之用心祈請，透過心之低語，天使們會收到的。它們不住在天國，而是在你身邊。他們與你之間，只有「一念之遙」。

好的。我將我的恐懼交託給天使了。

很好。

現在我來教你如何開啟自己內在的「感恩之情」。

我內在的「感恩之情」？

是的。如同我方才說的：所有的一切，愛、感恩、喜悅，都於你的內在具備了。當你沉睡之際，當你不知道自己為神性之際，當你認為你只是個平凡人時，你往往必須都過外在刺激來給予回應，於是你會認為，感恩之心是外在於你的東西，你必須先接收外來的刺激，你才能感恩。

但事實是，你不需要任何身外於你的東西，你本身就是感恩。你不需要獲得外在任何東西，才能感恩。你之本身就是感恩，當你本身就是感恩時，你所獲的外在事物，也會豐盛。

怎麼可能呢？

還記得我說的嗎？當你預先感恩時，你就是對宇宙宣告了某件事已然存在的「事實」。記住：沒有時間，在你的實相裡，所有發生的一切都是「現在」。你的願望現在就已然發生了，而不是未來才要發生。

但我現在看不到？

超越你的頭腦。在你的心中看見那些已然實現的願望，閉上眼睛，即使眼前一片漆黑，也持續對你的願望抱以感謝。永遠在心中持守你的願望。

外在的一切都是幻象。現在，我要把你的心拉回來，我要你閉上眼睛。但即使閉上眼睛，你的心智頭腦也仍在懷疑，所以我也要你放下懷疑。我想請你深吸一口氣，緩緩吐氣，把你的心續穩定下來，穩定下來後，直觀地向你的願望說感謝。

你一直說外在是個幻覺，但明明我體驗到的就是活生生的東西啊。

孩子，不只外在是個幻覺，你的內在念頭也是幻覺。不只外在恐懼是個幻覺，即使你內在的願望也是個幻覺。所以在幻覺中活出你的喜悅吧。幻覺對你而言，是有意義的。在幻覺中，你會體驗到愛，愛會讓你流下淚來。

在幻覺中，你所體驗到的愛，是你真正的神性。你的本質是愛，你於內在是愛。你於外在體驗愛。愛會讓你流下淚來，愛會治療你所有的傷痛，愛會讓你喜悅自我的存在，愛會讓你爆炸。所以，不要恐懼外在的幻覺，而是認清它是個幻覺，你才是幻覺中的主角，你才是這齣生命大戲的導演。

所以，對於願望要祈請，不要乞求；要預先感謝，不要事後感謝。

無論是外在，或是內在，所有來自於你「意識」的念頭，都是幻覺。都是由你這個「意識」創造出來的幻覺，這幻覺之所以這麼真，是因為它們都是由能量俱現而成。當能量以某種型態呈現時，它會「真」到讓你感到痛楚。但若你知道自我是真實的偉大意識，那麼所有身外之物，你都可將之創造。

幻覺是個方便的說法，目的是為了把你從幻覺的泥沼中拉出來，使你不再沉溺於它、受苦於它。你的本性是「覺」，而「感」是你的器官，你就是那一直透過「感覺」來體驗自我的偉大意識。

你創造了這個世界，它讓你深陷其中無法自拔，它讓你痛楚難行，窒礙絕望，於是你千次徘迴於那外在的幻覺，試圖尋找出路。殊不知你就是那正在造夢的主人，當你閉上眼睛，放下所有心智判斷，回到自我之「覺」上，你才會感覺到自己回到家了。

當你知道了這一切都是幻覺後，你會重振信心，拾回你的發球權。你開始深信自己能夠轉化外在一切困境，願意相信「隨心所欲」，開始從「心」出發，去創造你夢想中的一切。

記住，這個世界上並沒有所謂的「單一世界」。你們每個人世界的角度都不同，你們每個人詮譯世界的角度都不同。因為每一個人都是他們自己的「主觀意識」，世界是什麼樣子，完全都是由你們自己詮譯出來的。

在真實上來講，外在的一切只是巨大的能量境界，但是那些能量境界是來自於人類的集體意識所創造，而你會經歷到什麼，則是由你自己與他人之意識互動而來。除非你願意，否則別人不能控制你。

而我再說更透徹一點：這世界上沒有其它人，有的只有你自己。這個世界上所有「意識」都是來自於那宇宙唯一的「意識」，你也是來自於那唯一的宇宙意識。這個宇宙意識不在遙遠的銀河彼端，而是與你每天行住坐臥的「意識」。

如同我說的：一滴水，即使離開海洋，但是它們的本質卻是不變的。更何況，你之意識從未離開你的海洋。

神，無法離開自己，卻可以把自己振動出無數個較小的「自己」。透過「遺忘」，讓每一個「小我」忘了真正的「大我」。如此一來，透過一系列外在體驗，得以經驗生命本質，經驗「祂」自己的每個面相。這就是你們人間生活最大的「實相」：外在沒有別人，有的只有你自己。所以對待別人如何，也就是對待你自已如何。

重拾這份覺知，不要懼怕外在的困境。幻覺並不恐怖，因為你有力量。幻覺並不真實，因為你是那終極源頭。重振信心，於內在感恩，於外在體驗。

人與人互相連結，我們都在更深的層次上體驗著自己。當你無條件地愛他人，其實也就是愛自已。當你眼中只有愛時，你能接納一切。

永遠要記住你具有「創造實相」的力量。你是那導播、你是那播放者、你是那編劇，你是自我人生的創造者（Creator）。

不要困惑於業力，不要困惑於罪咎，不要困惑於匱乏，每當你回到心中的愛，去愛自己，愛世界時，你能克服一切。

聽著，造物主把你創造來到這世界上，不是要讓你來受苦的。如果你覺得自已在受苦，那是因為你不願意相信自己有力量。你的意識就是力量。你的想像就是力量。你的「感謝與愛」就是力量。

所以，除了神之外，不要把任何次於你的東西表現出來。除了神之外，不要把任何次於神性的東西視為你。當我說你是神，那是天大的一聲轟隆巨響，敲破你是被害者的幻覺。當玻璃帷幕失去幻象能力時，你應當抬頭挺胸的走上去。

接下來，我要為你展示一個工具，我要你帶著這份工具在每天的生活裡，勇敢創造你的生命。記住，不要「等待」生活，而是要去「創造」生活。你擁有的不是「生活」，而是「生命」。你在人世間的生命極其短暫，不要被動的等待，而是要主動地去探尋、去創造。

於你內在創造生命，於你外在體驗生命。於你意識創造願望，於你外在體驗願望。用「愛」熱切地、渴望地活出你的生命，你是神。這三個工具是：「神之金鑰、感恩寶座、以及願望清單」。

「神之金鑰」與「感恩寶座」是加強顯化願望的力量，而「願望清單」是你自己的所有願望。你可以把這三著視為一氣呵成的祈禱，在每日清晨與就寢前都冥想一次。

操作方式如下：

首先，閉上你的眼睛，想像造物主就在你的眼前。你不用清楚知道祂是誰，也不用清楚看見祂的臉，你只需要去「感覺」此時此刻，祂就在你的眼前。

接著，想像造物主將一把「金色鑰匙」交到你手上，你伸出手承接這把「金色鑰匙」。你看見鑰匙本身閃爍金色光芒。

現在，觀想你之手腕周圍浮現三句真言：「我是我所是、我是無限、我是神」。想像這三句真言漂浮在鑰匙上方，然後用你之意圖，使三句真言「進入」這把鑰匙。當三句真言與鑰匙合為一時，想像鑰匙發出金白色光芒。

最後，最重要的一步：觀想你自己握住那把鑰匙，使鑰匙融入你之身體。你與鑰匙合而為一。想像你自己的身體發出金白色光芒，你靜靜地感受自己與「神之金鑰」結合，默默誦著那三句真言：「我是我所是、我是無限、我是神」，然後感謝神。於此，「神之金鑰」已然完成。

於此，先不要打開眼睛。

再來是「感恩寶座」。當你完成「神之金鑰」後，接著你繼續觀想自己身後有一張椅子，那是你的「感恩寶座」，你可想像那是你的「王座」。你坐上了那「王座」。

現在你默誦「謝謝、謝謝、謝謝……」召喚你的「感恩之心」出現。然後你與「感恩之心」結合，你們合而為一。現在你是「感恩」了，你是「感恩」本身了。你能夠對任何事物抱持感恩。

然後，再將你所有願望招之前來。你對所有願望一一抱以感謝。記住：眼前這些願望都要以「已然實現了的」方式播放在你面前。你對著這些「已然實現了的願望」抱持感謝。當一個願望結束後，再換下一個願望。如此一個個感謝所有的願望。

當你感謝完所有願望之後，接著，再把你今日一整天所經歷之人事物，也通通召喚來到你的感恩寶座面前，一一對這些所有經歷的人事物予以感謝。無論是好、是不好，它們都是透過你之潛意識帶來的。所以不要去評判好壞，不要去批判他們，只是通通感謝。

不必播放所有細節，僅針對那些你能記憶之人事物感謝就好。至於，時間長短、人事物之多寡，取決於你自已的決定。直到心滿意足，即完成所有的感恩儀式。

以上就是「神之金鑰、感恩寶座、願望清單」這三個工具的祈請儀式。記住，在你的心中看著這些願望一一被實現，別忘了你是自已世界的造物主，你正在導演這些事件已然完成。你的「想像」決定了事件的結果。所以，別於外在乞求，而是回到你之內在，於心中看見他們「已然完成了」。

這裡有一個很重要的一點是：當你是感恩時，你就越來越能夠感恩。正當你對人生中的每件事都感恩時，你就是在對所有一切的自我創造感恩。因為外在沒有別人，所有來到身邊的人事物，都是因你之意識創造而來，無論是它們是來自於「意識、潛意識、超意識」等等，都是來自於你的創造。

當你全部抱以感恩時，你其實是感恩自己。隨著感恩增加，將帶來更多值得感恩的東西。「感恩吸引感恩，豐足吸引豐足」這是幸福心法，要牢記。

不要批判你的境遇，而是對所有境遇感恩。因為它們都會教你一些東西。它們都是你心之投射。它們讓你看見了自我內心傷口，它們讓你看見自我內在渴求。不要批判，而是感恩，感恩外在境遇讓你看到了這一切。然後，回到你之內在，重新思維願望，一次又一次，直到產生強大的信心，直到顯化願望為止。

還有，記錄你之每一顯化結果，即使是微不足道的小事物、小願望，那都會增強你顯化的信心。宇宙之中沒有巧合，所有的一切都是意識創造的結果。回想那些微小細節，你將有信心創造一切。

創造一座城堡不比創造一支筆難。你要有這樣的「信心」。因為方法都是一樣的。凡你所能之事，皆能創造。這就是為什麼上天賦予你「想像力」的原因：讓你體驗你自己是非凡的創造者。

這一切是怎麼運作的呢？

你不必管這一切是怎麼運作的。你的「想像力」與那「更高的存有機制」是同步的，當你在心中感謝那「已然實現的願望」時，你正調動了整個宇宙能量來為你服務。你要有這樣的信心：宇宙不是那決定你值得「有」或「無」的至高存在。宇宙只是一個機器，它是用來服務你的。你才是那位至高無上的「存在」。

然後我要你每天帶這份祈請之心，熱切地去完成你的夢想。無論你正在做什麼，都要用你的熱誠來做。你不是為任何人而做，你是為自己而做。記住，外在沒有別人，只有你自己，幫助別人也就是幫助你自己。你的小我心智習慣去評判他人，但是你的深層意識卻是與萬物相結合的。所以沒什麼是身外之物，一切都是你自己。

當你看到那些病苦殘疾者，你不要認為那是別人。那些都你深層需要被療癒的部分。你不用在心中批評他們或可憐他們；而是在心中祝福他們。感謝他們，愛他們。默默地說句：「我愛你」來完成每一次的相遇。

在你心中，要做個「如如不動」的靜觀者。無論是外在駭人景象，或是內在恐懼情緒，你都要當個如如不動的靜觀者。不要被駭人景象或是恐懼，困住你的熱情。

你可靜靜地觀看一切，然後輕聲說句：「謝謝你，我看見了」。然後回到你之內在，重新憶起你的願望清單，重複在心中播放那些「已然實現的願望」，並且提醒自己此刻仍有更高之「存有」與你一同協作，別忘了你是個強大的「神性存在」。

最後，我想要重複提醒你這句話：「每一天，除了表現你最恢弘的神性之外，不要表現那些較次於你的東西」。

你的本質是那恢弘的神性，你能使海水分開，你能使斷臂生出，你能煉石成金、你能起死回生。除了這些看似神話的信念，我不要你表現為其它的。你們看似神話之謬言，實際上是你們真正的「力量」。

從現在起，請用你全副的心去愛這個世界。你會體驗勇敢，你會擁抱感動，你將見證奇蹟，你會被愛滿滿地包圍，你會讚嘆生命是個禮物。

＊小小叮嚀：時常說：「謝謝、謝謝、謝謝」

時常說：「謝謝、謝謝、謝謝」，為自己創造了強大的豐盛之流。語言，是能量振動的咒語。當你發自內心說「謝謝」的時候，它帶有祝福能量。這股振動能量，將引起他人心中美善能量之共振，提升了對方的振動頻率，也祝福了自己。

感恩，是我們本質。當我們回到自我內在的感恩，我們就是處在高振動頻率。

我們常常被教導如何去競爭，卻忘了被教導如何去感謝。殊不知「感謝」本身能夠帶來更多豐足。「感謝吸引更多感謝，豐足吸引更多豐足」。

現在每天晚上睡覺前，請閉上眼睛。默默地、好好地感謝今日一切經歷的人事物，好的給予感謝、不好的給予祝福。你會發現，自己越來越能夠去感謝了。

第二十二章　覺醒之後

把世界縮小，放進口袋。
是你創造你之世界，不是世界決定你

就像電影《縮小人生（Downsizing）》那樣？

是的。但不是把你縮小，而是把這個世界縮小，把所有外在於你的一切事物縮小。你知道嗎？當你過分放大外在一切事物時，你們也把自已的力量縮小了。

我不懂。

看看你每天發生的事就知道了。當某人說了一句話，或是生活中出現了某事件，人們會習慣地在心中無限放大那些事件。於是傷感變的巨大，恐懼變得濃密，希望卻變得越來越渺小。

但不必如此受苦。記著：外在一切都是幻覺，你有能力放大任何事物，但看在老天的份上、看在善待自我與他人之份上，不要放大那些令你心碎的事情，儘管它們具備了充分的理由。

還記得我在第一章跟你說的嗎？「永遠要看向好的一面，不要看向壞的一面。因為你所看向的一面，將會成為你的真實」。不要後悔自己的決定，在每一刻，你都能重新做出新的決定。

外在的一切，都是能量聚合之顯現。當能量充足時，它們顯化在你眼前；當能量減弱時，它們消散無蹤。而無論是悲傷與喜悅，都是隨著幻覺而被真實體驗著的。

看在老天的份上，好好利用你們的幻覺。慶幸這些都是幻覺，於是你們能夠利用幻覺。如果生活中的事件都是「固定不變的」，都是「真實不虛」的，那麼你們將對自己的人生毫無力量，你們將對自我之生命無能為力。

但不是這樣的。你們能夠改變任何事物。不要說你們最偉大的科學家牛頓是位神學家，即使最為人熟知的愛因斯坦，也揭露了「時間是個冥頑不靈的幻覺」。

不要讓你們的科學來框限你的直覺，科學是用來服務你的，不是用來侷限你的。你們的科學家一直在突破科學，而你們這些旁觀者卻視科學為權威。當知道，信仰科學與信仰宗教並無分別，毋寧都是把自我力量交付出去，由外人來控制你。

於是你們的世界充滿了「限制教條」。所有事物都被套上了「評比」，即是：某件事情之真實，必須基於其它條件成立才行。在人類世界裡，這些限制教條往往被看作成功的「真理」。於是，人類活在評比之中，深怕自我怠惰，影響了自我生存之權利。

掌聲是用來肯定的，不是用來評比的。你們習慣對那些獲得冠軍的人給予掌聲，卻忘了給予那些默默付出的人鼓勵。你們習慣了追捧那些耀眼動人的明星，卻不曾夢想自己某天也能站上那舞台。

你們之眼光，為了生存，一次又一次地向外投射，找尋使自我生存的所有辦法。你們的人生成為了一部奮鬥史，你們獎勵成功者，卻無聲於失敗者。你們擁抱那些成功孩子，卻忘了其他孩子之可能性。「評比」成為人生哲理：第一、第二、第三……。

現在，我的孩子，放下這些所有的評斷。放下那些你「自以為是」的成功真理。放下頭腦。回到你「心」。不要相信你必須如何，才能如何。如果你是一位創造者，那麼「沒有邏輯」才是你真正的邏輯，沒有規則才是你「真正的規則」。終極實相本身就是「無限」；生命本身就是「自由」。不要讓任何「限制教條」框限你。一旦被框限，恐懼將臨身。

記住，你是偉大的創造者。你應當懷著夢想去勇敢實踐創造。因為你的夢想中有光，你是光之存有，你的服務、產品、計畫、演講、乃至於一切，都蘊含著你對世界的愛。那麼就應該帶這著這份愛，勇敢走向世界舞台。

當你「以愛之名」，行之所作所為，都將帶有神性粒子。不用害怕旁人眼光，不用擔心外在世界限制，你之神性粒子自會創造奇蹟。奇蹟不是人類頭腦產物，而是來自於你們的愛。所以，不要害怕自己不行，不要擔心那一切要怎麼達成。我告訴過你了，除了把你自己表現為「神性存在」，其餘那些膽怯的、擔心的、懦弱的、怯弱的、匱乏的，都不是真正的你。

你只要表現出自我的「自信狀態」，其它的就交給宇宙來幫你執行。在更高層面上，你不會知道宇宙機制如何運作。但是你要相信，在這個機制之中即將被你觸及的所有人，都將因你之夢想而受益，都將在過程體驗圓滿。

我不是說過了嗎？外在沒有別人，有的只有你自己。你與外在其他人都是「同一體」的。你們都是那偉大神性的「個別版本」，你們始終不曾與神分離，更不曾與那些外在的人分離。於你們所有人更深層面，你們是連結的。所以，神不會讓自己失敗。神會圓滿它自己。如同你不會讓自己失敗，你會周全自己。那麼，在更高層面上，神不會讓人失敗，而是圓滿所有人，包括你的渴望。

當神運作一切的時候，祂是在更高層面上運作這一切。你們那些看似不可能的事情，都將在某個時機點一一到位，於是你們說「哇！那是巧合」。但不是，世界上沒有巧合這回事，機率是腦袋想像出來的遊戲，在神的運作裡，一切都是精準的，不存在機率這回事。如果「宇宙運作」是機率成份，那麼你們今日之宇宙，絕非是你們所能生存之宇宙。

這是同步性（Sinchronicity），即：一切都是一體的，當某部分改變時，所有其它部分也將跟著改變。當某件事被決定了，所有其他角色都會被通知來完成這個事件。這就好像當你宣告了自己將出發旅行時，一路上你會遇到的司機、導遊、同伴、攤商、旅館、接送等等，旅行社都已幫你安排好了。在這趟旅程中，每位參與角色都會滿足他們自己。而這一切，正是你之旅程促使了自我與他人的圓滿。生命，是一個「圓」。

差別是，當你預定一趟旅程，你知道旅行社會幫你安排妥當。但是當你踏上人生旅程時，你猶如走上黑夜隧道，伸手不見五指，深邃不見天光。

但是，光在你之內。外在沒有光。光在你之內。

當你不再相信外在有什麼你必須取悅的人事物時，你才算找到屬於自己的力量。因為你決定重新站起來，重新回到你的內在，重新讓自己靜下來，勘透這一切都是幻覺，告訴自己這一切都是幻覺。而你決定控制幻覺，你決定操縱幻覺，你決定用幻覺來體現自己的偉大、愛、與喜悅。

於是你不再害怕幻覺，你擁抱幻覺，你活在每天的幻覺中，創造幻覺。你成為了頂尖的魔術師，你成為了自我人生的主宰者。你用幻覺，展現了你的神性，你透過幻覺，了解了何謂生命。這就是幻覺的必要，你利用幻覺，體驗了自己真正的神性。你是神，身體是你的載具，生活是你的幻覺，生命是你的本質，幻術是你的力量，想像力是所有的材料。

喜悅是你之滿足，愛是你之感恩，生命是你之所是。存在一切，只有圓滿。

不要害怕人生，要勇敢迎向你的人生。身體終將死亡，但你想完成什麼事情？把握有限的生命，完成生命中最想完成的夢想。死亡是一個偉大的發明，它提醒了我們：時間只是幻覺，有的是每一個片刻當下。如若你終將死亡，你何不放手一搏。

超越頭腦，超越心智，超越那些外在的限制教條。問問你之心，你來到這個世界上，真正想傳遞的是什麼樣的訊息，真正想活出的是什麼樣的「人生」？然後用全部的「靈性」去做那件事。

我這裡所指的「靈性」，意思是用你全部的信仰去做那件事。包括投入你的熱誠、喜悅、堅毅、靈感、直覺、洞察、信心、祈禱、意念、愛、感恩等去做那件事。你不是為了別人而做，是為了自己而做。你明白，你之所以活著，就是為了來做這件事。

不用擔心物質匱乏，將那些匱乏交給天使去處理。將你之恐懼交託天使去處理，他們是你最堅強盟友，他們會供給你一切，你儘管專心去做真正想做之事。

人世，是一個幻覺。你已來到這個世界許多次了。這次是你覺醒的時候了，是你用自已的意念去決定一切了。就在你覺醒後，你明白自我意識是所有創造「源頭」，那麼你就該重新檢視你的人生。重新「洗牌」，重新「重置（reset）」，把你所渴望的人生體驗，全部置入於你的人生藍圖。

你不需要受困於任何業力這回事，你是位創造者，不需要再去療癒什麼傷口。當你沉睡了千年，你的傷口不計其數，若要一一療癒這些傷口，你將耗盡所有時間。

我要你明白的是，無論你今生碰到了什麼樣的難題，健康、金錢、愛情、關係、事業等等，你都有重新創造豐足的能力。你是創造者，不是被害者。當造物主賦予你「自由意志」的時候，祂也將絕對的「創造力」賦予你了。

你的「自由意志」就是最好證明。如果你生來不俱能力創造自我人生，那麼你之自由意志就是個贗品。但它不是。你明白你的身體會被傷害，但是你的意識是無法被撼動分毫的。就算失去四肢，你仍能夠在心中擁抱世界。

不要侷限於未來恐懼之中，只要過好今天。未來並不存在，結果並不存在，預期並不存在。所有存在之一切，皆來自於你現在當下此刻。

超越時間，用你全副熱誠去做你想做的事情。魔法就在你的熱誠裡，當你懷抱所有熱誠去做事情，你將充滿信心與活力，你會展現超高頻振動，所有外在於你的權威，都無法給你這種體驗。當你投入熱誠，你創造一切。

聽著，生命自有真理。當你勇敢面對時，它能夠教你很多。當你全力擁抱，它會讓你體會許多。你不需要成為玄學宗師，你是自我人生大師。你接受失敗，你體驗恐懼；你了解創造，你實現創造，你成為你自己的真理。這是生命的真諦。

最後你會走出這一切幻覺，回到我所在之地，而我所在之地毋寧是在於你之內，藉由你而永遠存在。我是存在，我一直存在，永遠存在，與你同在。這是生命奧秘，這是圓滿迴圈，這是當下真相，而你將選擇走出幻覺，回歸永恆真理。

於是，當外在大多數人恐懼生命時，當外在大多數宗教散播恐懼時，我要你擁抱生命。不要希求來世，來世並不存在。盡可能地活出最好的現在。當下即是永恆，沒有過去、現在、未來，有的只有現在「這一刻」。

如果你現在有愛，你就給出愛，不要等到未來。如果你現在就能把事情完成，那就把事情完成，不要拖到明天。如果認為你沒有靈感，那麼就把你的手擺在工作檯上，讓「當下」引領你，讓「當下」做你的老師。

你一直擁有很多。外在的一切，全部都來自於你的內在。不要於外在求，而是回到你之內在去思考。不要於外在徘迴，而是回到你之內在去駐足。

把願望用清單全部列出來。用心去感受每一個願望帶給你的意義，用心去感覺當所有願望都完成時，你會是什麼「狀態（state）」。

我要你直接去「觀想（Visualizing）」那個狀態，去感受（feeling）那個狀態。然後當你起身回到生活中時，你的言行舉止都要「是（being）」那個狀態，讓「狀態」成為你真正的「身份」，讓你的「身份」引導你的行為。讓「身份」成為你的行動方針。讓「身份」成為你的「存在」。「存在」，是一種能量振動，它會為你吸引來巨大的機會。

當你想要成為什麼樣的人時，先讓自己去「是（being）」，在你的心中想像它，在你的外表展現它。任何人都不能動搖你的心志。用你的全副身心去活出它。不要管別人的信念，不要管那些自以為知道一切的專家。用你的熱誠，活出你的振動；用你的信念，打破所有的法則。用你全部身心去做那件事，彷若你就是瘋子。你顛覆了世界，你打破了所有的眼鏡。

神，不做其他事，只做奇蹟之事。別讓任何人對你說不可能。走你自己想走的路，即是那是一條充滿荊棘之路。須知摩西分開紅海，你也應當懷抱同樣勇氣，去開闢人生道路。因為你知道，一切都是有意義的。你之報酬就在意義之中。

你擔心物質匱乏嗎？何不去挑戰看看。看看當你完成了所有的夢想之後，你是窮光蛋還是富有之人。何不試著去相信一次，這個世界上有奇蹟存在。讓奇蹟成為你人生的禮物，除非你承認自我輝煌，否則你將無法激發出最大的潛力。一旦你成為「神性自我」，整個宇宙都會與你同在。

每一天，你都要把自已看作是偉大的「存在」。用你的神聖與恢弘，去思考生活中的問題。看穿那些問題，只不過是恐懼產物。而你的恐懼，只不過是忘了自己是那能夠創造一切的「神性之子」。

於內在操練你的心志。讓你的「心靈畫面（visualization）」成為你的實境，讓「實境」來引導你行動。現在就想像你已然站上舞台，你要如何開場？你要說什麼？不要等到明天，不要等到未來，現在就關上門，和那些「不存在的聽眾」促膝長談。一遍又一遍演練你之技巧，一遍又一遍想像你的偉大。

採取行動前，先確定對你而言什麼是有意義的。一旦決定了，就用全部身心去做。無論工作或是玩樂。唯有專心投入，才能有所收穫。

不要沉溺疑懼之中。把握時間，投入創造。用喜悅之心創造。在創造中欣賞你之產品。在創造中欣賞你之內容。讓你的創造豐富起來，讓你的內容成為滔滔不絕的「神之表達」。

堅持每天給自己靜默十分鐘，深沉靜默，帶來深沉滋養。靜下頭腦，回到靜默之中，你就是重新與自我內在「本源」連結。當你靜心時，本源能量也將更充分地流遍全身。

靜坐，是培養心靈力量最強大的工具。任何滋養心靈的方法，都離不開靜坐。那不是非要盤腿而坐，即使靜靜坐著，也會受益。放下頭腦，一切淨空，你之「覺」性就會展露。如同冰山一角浮出水面，強大本源將滋養你一切。

最後，鍛鍊你的直覺。養成習慣，讓自己聽見內在直覺。讓自己「自問自答」，即使看起來很愚蠢，也要持續問自己內在問題，並且靜下心來傾聽直覺。當你越來越熟練這個技巧，你的行動就會越來越有效率。

記住，將你的恐懼、匱乏，交託給外在那些無形的存有，無論是你的「高我」，或是「天使」。你只需要專注於你的「創造」，其它的自然會到位。不要讓恐懼與匱乏使你分心。勇敢去祈請，並相信祈請的力量。

我親愛的孩子，當你帶著自己的「神性」去創造時，你必會成功。當你把世界縮小放進你的口袋時，是你來決定這個世界該是如何，而不是讓世界來決定你應該如何。

以上就是我要與你分享的所有關於成功的真理了。這個真理毋寧是：成為你「自己」。

謝謝你的教導。我獲益良多。

不客氣。事實上，你不僅獲益良多，你也已然「覺醒」了。

我？怎麼可能？

覺醒，只是一個知曉，知曉神從未與你分離。

看看你的呼吸，想想你的心跳，聽聽你的意識，你以為身體只是個物理脈衝嗎？又是誰在背後供應著這一切能量？

神不可能與你分離。你自己無法與你自己分離。你只能忘記這一切，但最終會記起這一切。擁有了這個概念，你也就覺醒了。接下來，你想要創造什麼，那才是你人生之中真正重要的課題。現在，該你發球了。

❀小小叮嚀：相信你自己

如果你無法相信外在有個神能夠應允你一切所需，那麼你就要相信自己內在有另一個自己，祂一直與你同在，幫助你顯化願望。這是真的。意識與意識之間，可以用同一個意識說話。你內在的「高我」確實存在。祂與你用同一個意識說話。

你的每一個靈感，每一個直覺，都是來自於祂的訊息。所以，當你感覺自我迷失的時候，想想那些你曾經有過的靈感。提醒你自己，此刻祂正與你同在。那麼你就會知道：神從未與你分離。相信你自己。

第二十三章　愛與寬恕

「心」才是你最大的吸引力法則

就這樣了嗎？就在你和我分享這麼多洞見之後，我們這本書就這樣寫完了嗎？

你覺得呢？

我覺得似乎還有一點東西，隱約在我心底，它需要被帶出來。

什麼東西？

我說不上來，但似乎和「愛與寬恕」有關。

是的，這是最後一項關於豐盛的法則：愛與寬恕。

所以，我們這一章，也是最後一章，要來談愛與寬恕？

這是最重要的一章。也是寫在全篇之後，作為整個智慧教導的愛與終了。關於愛與寬恕，你學到了哪些課題，在這裡你要不要分享自己對於愛與寬恕的心得？

我覺得我不是一個完美的人，對於寬恕，我承認自己做的不夠好。起碼有些事情直到現在，我也仍無法完全寬恕某些事情。比如說那些過往歲月，遇到的一些不公不義的事情，還是會覺得自己當下負氣的決定，是對的。

所以你覺得寬恕是一個要求？要求自己要去做到某些事情？或著是說道德上的標準？

是的。起碼寬恕兩個字對我的意義而言，是指我必須去原諒過去發生的那些事情。

那你的感覺如何？

我覺得很痛苦，很不可思議。明明錯不在我，為什麼我要是那個選擇寬恕的人？這讓我覺得寬恕兩個字，說起來簡單，做起來很難。

那麼想想以感謝取代寬恕？

以感謝取代寬恕？

是的。以感謝取代寬恕。

這讓我覺得好多了一點。起碼我不用勉強自己去接受我無法接受的事情。但說到感謝，我倒是可以做到。因為關於過往的那些事情，倒是令我成長很多。即使我無法全完寬恕，但至今回想起來，沒有那些事情，我就不會有今天如此成熟的我。所以對於以感謝取代寬恕，我倒是可以接受。但我還是無法原諒那些事情。

孩子，你不必原諒任何事情。

但是你說要我寬恕與愛。

不，不是寬恕與愛。而是理解。我試圖引導你做的事是：理解。

因為除非你能夠理解一件事情，否則你無法真正放下一件事情。寬恕不是為了某種道德上的需要而勉強自己去做的事情。而是因為你看見了其中的禮物，而心懷感激。

心懷感激？這怎麼可能？

如果你能夠用不同角度來看待事情，或許它是可能的。

比如說？

比如說過往那些欺負你的人，實際上是在幫助你看見自己的某些部分。

看見什麼部分？

我不知道。你呢？你看見了自己的哪些部分？

我不知道自己看見了什麼部分。我只知道，自己會很生氣，為麼他們就是如此可惡，如此想要欺負我？

所以，你做了什麼？

我反擊回去啊！

然後呢？你的感覺如何？

感覺很好。起碼我讓他們知道，我不是塑膠做的。

所以你感受到自我感覺非常良好。

嗯，起碼我是這麼認為。

很好，關於你的感受，它永遠都是真的。

那麼我何必寬恕呢？既然我感覺如此良好，我又何必去寬恕呢？

是的，你不必去做任何事情。然而，我在這裡卻邀請你試著去做的是：去理解那件事情。關於你的感覺、你的反應、還有如果這件事情再次發生，你還會做出同樣的決定嗎？

會吧！……嗯，也許會有那麼一點點不同。

哪裡不同？

或許我會試著更委婉一點。

為什麼要委婉？

因為我總覺得，事情似乎還有更好的解決辦法。如果當時我選擇委婉一點的方法，那麼或許今天局面能夠有所不同。

有何不同？

或許會更和平一點。起碼不是像現在，一想到某些事情，就還是會很生氣。而且還繫掛在心底這麼久，就連想要去面對，都不想面對。

但這並不代表你錯了。

不代表我錯？

是的。願意去和解的心，不代表你就是那個要委屈自己的人。願意去和解的心，僅僅只是一個決定。代表一個決定而已。願意去和解的心，僅是代表這只是你的一個決定。單純的一個決定：我選擇去和解。

我為什麼要選擇去和解？錯又不在我。

所以我說：它僅僅只是一個決定而已。不代表你有錯，更不代表你必須忍受任何一個委屈。

那麼我又如何去寬恕呢？既然我不想忍受任何委屈，那我又何必勉強自己去寬恕呢？

所以我才說：它只是一個決定而已。寬恕，只是一個決定而已。

但你說理解才能夠寬恕，若我無法理解這個人，我又要如何寬恕這個人呢？如果我無法寬恕這個人，我又怎麼可能做出「僅僅只是一個決定」。

那麼我們換個角度想，假設今天這件事情從未發生過在你身上，那麼你會怎麼做？

我會不一樣啊。我會完全不一樣，我會更好。起碼我不用受到傷害。

但你會寫出今天這些文字嗎？就像現在坐在電腦前再次思考愛與寬恕這個議題？

不會吧。肯定不會。但若和這個相比，我寧願事情不要發生。起碼我今天會很快樂，不用忍受那些情緒。

然而事情還是發生了。

是啊。等等，我怎麼覺得這次對話，我們像在兜圈子。

是在兜圈子。

那還要談下去嗎？

你覺得呢？要不在這裡做一個結束？

不行吧！這樣我會被讀者投訴耶！故事還沒起頭，就已經結束，這不是胡搞嗎？難道我們非要這樣兜圈子下去不可嗎？

兜圈子沒什麼不好，生命就是一直在兜圈子，就像樹木的年輪一樣，一圈又一圈往外旋繞，擴展自己生命經驗。所以我才說生命就是兜圈子，透過一圈又一圈經驗，生命擴展了自己。

這樣很累人的。而且又有什麼意義呢？

是啊，很累人的。如果你一再重複某些經驗，而你一直未能看透自己為什麼一再重複相同經驗，卻又無法走出來，那麼你的感受的確是充滿疲憊的。

那我要如何走出來？

往內。往內走。而不是往外走。當你開始往內走，你就是把焦點開始往內收，收縮到只剩下一個核心焦點，這個焦點就是你自己。

我自己？

好了。兜圈子結束。現在我要開始真正闡述所謂「愛與寬恕」的奧義了。這一段你要聽得非常清楚，因為它是你最快達到你說你想去的地方的捷徑，無論你說想要去的地方是豐盛、圓夢、幸福、開悟之類的。這一段愛與寬恕的智慧，是你不得不握在手裡的鑰匙。

好。那請你開講吧。

寬恕，不是一個道德上的必須，而是來自於一份深刻的理解，理解到過往你所經歷的每一件事情，都是你自己為你自己設計的，目的是讓你自己能夠在這段生命經驗中，去釐清你自己內在的某些深層信念。

我舉個例子：如果一個人被欺負了。他選擇反擊回去，因為他認為自己受到傷害了，必須保護自己，所以反擊回去。這點幾乎是每個人都會做的選擇。

當然。但不能說是每個人，而是大多數人都會選擇這麼做。

我可以理解。但如果你知道，這個人、這些事，是經由你更高的自我，所為自己創造出來，目的是為了讓你自己可以更加了解你自己呢？

我不明白。

比如說：你原本是個膽小怕事的人，但是你終於受不了欺負，而選擇站出來表明自己的立場。在那一刻你的感覺是什麼？

嗯，我必須為自己說話。我不想再隱忍了，我想要表達我最真實的感覺。

所以，這個事件之所以到來，它讓你展現了自己內在的勇氣，宣告「你是誰」。

是的。關於宣告「我是誰」，我已說得很清楚。起碼我不是塑膠做的。

很好，所有的生命經驗只有一個目的，這個目的旨在回答一個關於「你是誰」的問題。所有的情境中，也旨在表明你，關於這個情況，你是誰？你選擇做誰？

你是勇敢的嗎？還是隱忍的？你膽怯嗎？還是你選擇勇敢站出來。

關於你的所作所為，都在展示一個有關於你神聖自我的某些面向，而這個面向是有關於你存在的諸多面向中，其中一個你最想體驗的面向。例如：仁慈、慷慨、同情、勇氣、付出、分享、照顧、守護、無條件的愛……等等，倘若沒有外在那些不是的情境，則關於你之所是的一切，也將無法被體驗。

這就是你的靈魂，為什麼會為自己設計出生命藍圖，並且在這一系列藍圖中，體驗自己的英雄之旅。

再例如：當你面對一個傷害你的人，而你選擇試著去了解這個人背後所發生的故事，從中你理解了這個人為什麼傷害你，而你在理解之後，你能感受到他背後所經歷的痛苦，於是你漸漸能夠釋懷，釋懷他對你所做的一切，也許是出於無知，也許是出於恐懼，但那些已不再重要。重要的是你能夠感受到他身上的痛苦，甚至你在一剎那之間，毫無理由地，就只是在心中做出了個單純而有力的決定：決定選擇寬恕他，且無需任何理由，就只是一個決定而已。

就在這個時候，你瞬間放下了心中的包袱，回到當下此刻的平靜，或者只是簡簡單單地重新回到當下平安的感覺，甚至就在你選擇寬恕的那一剎那，你因為自己與他人關係之改善，而共同創造更美好的氛圍，因而你感受到愛的無條件喜悅與平安。

這就是你體驗「同理心」的方式。

嗯，這是有可能的。當我能夠站在他人立場來想，我就能夠寬恕他為什麼會有這個舉動。我就能夠比較寬恕他一點。

是的。這非但是可能的，而且是必須如此的。除非你能夠真正理解一件事，否則你永遠無法寬恕任何事。

但能否先跟我說說，為什麼你要一直跟我討論寬恕這兩個字。

因為它是你重新回到自己內在的愛的道路。如果你無法寬恕外在的環境，你將永遠受制於外在環境，而無法回到自己內在平安。

內在平安？這真有這麼重要嗎？

想想你每天遇到的人事物，你是否能夠保持在平靜狀態？

不能。我一想到每天有這麼多煩人的事物，我就會覺得焦躁、易怒、生氣。

那麼你就是偏離了自己內在的平安。當你偏離了內在平安，你也就被外在環境帶走了。不只是身體感到焦躁，還包括你的情緒、人際關係、感情、親情、工作等等，甚至就你說你想去的地方：豐盛、幸福、喜悅、愛來講，你更無法在情緒低落、憤怒叢生的情況下，體驗到這些美好事物。

那我該怎麼辦？

理解。永遠先試著去理解一件事情。理解一件事情，是幫助你走出那件事情的最快方式。當你願意選擇去理解，那麼你一定會找到關於那件事背後你所能理解的範圍。當你願意去探尋那些問題背後的起因，你就會開始療癒自己與他人。

但我為什麼要療癒自己？

為了讓你自己重新回到愛，回到喜悅。擺脫痛苦，擺脫你所說的那些每日令你煩惱的環境。

為什麼回到愛這麼重要？

因為你是由愛所做的。生命就是愛，當你偏離了自己愛的能量，你就會感受到撕裂的痛苦，你會感受到自己從愛中分離的痛苦。然而愛不曾離開過你，因為生命不曾離開過你，也不可能離開你。除非你想像自己離開了愛，離開了生命，你才會感到痛苦。這也就是你為什麼在每一次事件中，你感到痛苦的原因：因為你想像自己是受害者，是那無辜的人。你從來沒有想過，自己是否能夠在這些事情當中，學到某些有意義的事情。進而把這些事情轉化過來，把它看作令你成長的事情。

這倒是讓我想起了自己生命中過往的成長經驗。確實，當我回首過往，若不是那些事件發生，那麼我就不會成為今天的我。雖然無法預料若沒有那些過往的事情，關於今日之我的生活，會不會不一樣。但我確實知道，關於今天的我，和昨日的我比較起，今日之我變得更有智慧了。而這些智慧，來自於過往那些事件的經驗。

嗯，如果從這個角度來看，你會感謝那些經驗嗎？

我不知道。我也不敢在這裡跟任何人保證。但我敢說，確實，今日之我，比過往之我要更為成熟、更有智慧、更加寬容許多。

那麼很好。你已然看見了今日之你，更勝昨日之你；今昔之你，更勝往昔之你。你已然在一天又一天之中，成長、成熟、成為「更好的你自己」。無論這個「更好的你自己」是更有勇氣、更加慈悲、更為寬和、還是更加嚮往心靈道路。

尤其每一個重大的生命危機，其所帶來的，往往是重大的生命轉折，迫使這個人選擇回到自己的內在，去探究生命真理。因為若然一個人在外在經驗中過得舒舒服服，那麼他根本沒有必要改變自己的生活現狀。也許他會繼續感到順遂，但若要說能否成為更好的自己，那可不一定。因為他沒有必要改變現狀，更不會去思考什麼是成長、成熟、甚至更多關於愛的面向。

但我不懂，難道非要經歷磨難，才能夠成熟與成長嗎？難道沒有其他方法嗎，沒有其他更好的辦法，來讓我們成為更好的自己嗎？

有。並非磨難和困境是必須的。當你們的智慧成長來到某個程度，當你做人處事的經驗歷練到某種程度，你自然會在經驗中開始做出不同的決定，甚至你不再需要困難來磨練你，因為你已然了解生命的真諦，你已然找到了自己內在平安之道，你不再需要困境來幫你完成。你已成熟了、成長了。

我會有那麼一天嗎？或者還有沒有更好的辦法？

有。回到你自己。永遠先回到你自己。如果你要更快地回到自己內在平靜，那麼就是把指著別人的手，迴轉向內，指著自己問：此刻我為什麼生氣，我為何如此生氣，難道我認為自己是受害者嗎？而我真的是受害者嗎？我願意選擇成為受害者嗎？

還是說，我可以選擇去理解這個人背後的動機，他是出於愛嗎？還是出於恐懼。若然出於恐懼，那麼是什麼令他恐懼，是什麼樣的背景導致了他因為恐懼而做出了這些事情。

也許我無法原諒他，但我可以選擇去理解他。即使不是為了他，也是為了我自己。為了我自己內在的平靜，我選擇從愛的角度理解這整件事情；為了我自己內在的平靜，我選擇試著在整件事情中，脫離被害者的想法，試著去了解這整件事情帶給我的成長、成熟、智慧、勇氣、決心，乃至於我做出關於「我是誰」的宣告：我是愛嗎？還是我是仇恨？我是慷慨的嗎？還是我認為自己是匱乏的？我究竟在想什麼？而我又相信什麼。

這才是所有事件真正發生的原因：所有的不是，只為了引領你踏上你之所是；所有外在的非難，只為了讓你看見自己內在的信念：凡你所持有的信念，即是你此刻體驗到的感受。當你相信自己是受害者時，你體驗到的就是自己低落的情緒。但若你相信自己是創造者，那麼你就會說：「喔，好，我將利用這些事件與機會，創造更好的我。無論這個更好的我，是更有勇氣的、更有智慧的、更能理解的、或只是單單選擇寬恕，只因為我愛這個人」。

當你能夠一次次回到內在，去做出愛的決定。無論是愛自己、保護自己，或者是愛他人、保護他人，你永遠都能夠在愛中，找到理解、平安、與寬恕之道。

而若然你找到了理解、平安、與寬恕之道，那麼你也就找到了和平之道，無論是與自己和平、與他人和平、乃至於與整個世界和平。屆時你的世界裡，將不再有戰爭，無論是在你的家庭裡、職場裡、關係裡、國家裡、甚至整個地球，都將不再有戰爭。而你們所在之處，也將成為你們的天堂。無論這個所在之處，是在你的家庭裡、職場裡、關係裡、國家裡，乃至於你現在所生活的地球裡。

這就是為什麼「愛與寬恕」如此重要：所有的寬恕，旨在帶你自己重新回到愛的領域裡，回到愛的光芒中，重新療癒自己，並且真正憶起關於你之所是的真相，憶起你真正的自己，一個充滿無比神聖之愛的「臨在」。

尤是如此，你持續走在一條生命進化的道路上，為的是返回自己內在的家，那個你從未離開過的家，一個叫做「愛」的家。這就是愛與寬恕的真相：透過寬恕，回到光中。因為你是光，你是愛，你在這裡沒有別的原因，只為了把光與愛帶來這個世界，照亮這個世界。讓你自己成為生命、真理、與道路，叫自己跟隨，也叫他人跟隨。

對你自己的心宣告這點，也對別人宣告這點，然後無論你們身處在任何地方，你們就是身處在「天國」，天國是一個有愛的地方。你們將永遠不會再離開愛，離開彼此，並且在別人身上看見彼此，因為你們真的都是「一體」的。

尤是如此，你們將創造一個真正宜人居住的環境，無論是你所稱之為家的環境、職場環境、關係環境、自然環境、乃至於整個地球環境，你們將創造出一個真正宜人居住的環境，那是你們此生所能夢想的美好天堂。

天啊，寬恕有這麼重要喔？

嗯，那標誌著一個重新做決定的機會。你是要把憤怒帶往下一刻，還是說，要讓憤怒停留在上一刻，而在當下這一刻，重新創造你自己，活出嶄新的你。一切都是你的決定，是你為自己選擇，而不是讓別人來影響你的選擇。除非你能夠自由地做出選擇，否則你就是受制於外在的環境。

那麼我要如何做出選擇？

就只是做出選擇，簡單地宣告這點，然後用你的心持續去做。回到你的心去做，所以我才在一開頭就說：寬恕，只是一個決定；甚至，任何事情都只是一個決定，一個簡單的決定，一旦你做出決定，你就會體驗關於這個決定隨之而來的情緒與事件。人生就是一個持續做選擇的過程。關於你是誰，你想做誰，你真正是誰的決定。而你在當下的每一刻，都能夠重新做出決定，創造新的自己，因為當下每一刻，都是嶄新的時刻，過去只是一個幻覺，你永遠是在當下此刻，重新創造你自己。

「心」才是你最大的吸引力法則。任何你真心渴望的事物，都會被你吸引過來。而所謂的「寬恕」只不過是在引導你走出負面情緒的幻覺，重新回到自己的「心」，回到自己更高頻率的存在狀態，在平安與平靜中，持續體驗喜悅、滿足、與豐盛。

哇，原來如此！這樣我懂了。

是的，你懂了。

但我還是覺得寬恕不是一件容易的事。

沒關係，慢慢來。起碼你已了解了寬恕背後的真相：每一件事情都是完美的，宇宙不會隨機出現任何事情，隨機的宇宙，並不存在。真正存在的是無比精妙又驚奇的宇宙，如果每一片雪花、每一片花卉，都是如此精妙與驚奇地在展現他們自己的時候，想想你的生命歷程，又會是何等精妙與驚奇。

無法寬恕，只是對於真相缺乏理解。一旦理解事物背後真相，一旦對於那終極宏大的生命計畫有所理解，那麼你的整個存在就會完全不一樣，甚至連寬恕都是多餘的。

嗯，謝謝你。那麼，我們要在此結束了嗎？

你說呢？

不會還有吧！

好戲永遠在後頭呢！

要再寫新的章節嗎？

不了，這一整本書的智慧與能量，已足夠每一個人在生命中體驗豐盛與幸福。當然，生命還有更多值得分享的事物，但這留待下次我們再來討論。

這本書只是一個開始，而非真正的結束。而我答應你，我會一直與你同在，直到永遠。

直到永遠？

直到永遠。

❈ 小小叮嚀：何謂真寬恕

所謂的「真寬恕」是意識到這個世界根本不存在，所有你見到的人事物，都是由那無形無相的空間所創造出來的。而那股看不見的空間，就是那股偉大的宇宙意識，我們都由這股意識所形構出來的能量，我們是這股意識的一部分，而我們每個人內在更深層面，都是相互連結，彼此一體的。

因此你不會真正失去任何東西。所有你想要體驗的東西，都可以再創造出來。

即便是「死亡」也不存在。真正存在的是生命，持續以不同的形式存在，端看哪一種形式較符合你之靈魂所能進化的最高裨益道路而存在。

你的心知道這一點。你內在的心，知道這一切。

不要用頭腦去判斷這裡所說的，而是持續回到你的平靜中，去體會這裡所說的。「頭腦與心」是兩種不同的軌道，一個是相對的、有限的、二元對立的軌道；一個是絕對的、無限的、一體的軌道；因此要回到你的心去體會這裡所說的一切，不要停留在腦袋裡判斷這裡所說的一切。這樣會更快地幫助你找回自心內在的平靜、喜悅、與愛。

最後，寬恕，並不是一個必須的道理。而是為你自己鬆開一條道路，一條返回自心的道路。離開那些充滿仇恨、批判、與憤怒的低振動頻率思維，回到充滿愛、仁慈、平靜、與平安的思維，那才是你真正強大的存在狀態。

當你的心全然地歸於平靜，歸於平安，你就會體會到：其實還有一個更高層面的你自己與你同在，那就是你的「大我」，祂一直與你同在，甚至從未離開過你，而你也會體驗到，其實真正的你不是你的身體，也不是你的心智，而是你的大我。你是那神聖的臨在，神聖的我之所是，神聖的我之所在，亦即「我在（I AM）」。

所以，靜下來吧，歸於你自己的心，你將找到無上的平安、喜悅與豐盛。

國家圖書館出版品預行編目資料

神性的你一跟隨你的心，活出豐盛的自己 / 蔡欣唐著
--初版-- 臺北市：博客思出版事業網：2020.07
ISBN：978-957-9267-65-6（平裝）
1.靈修 2.生活指導

192.1　　　　　　109007473

神性的你一跟隨你的心，活出豐盛的自己

作　　者：蔡欣唐
編　　輯：楊容容
美　　編：楊容容
封面設計：陳勁宏
出 版 者：博客思出版事業網
發　　行：博客思出版事業網
地　　址：台北市中正區重慶南路1段121號8樓之14
電　　話：（02）2331-1675或（02）2331-1691
傳　　真：（02）2382-6225
E— MAIL：books5w@gmail.com或books5w@yahoo.com.tw
網路書店：http://bookstv.com.tw/
https://www.pcstore.com.tw/yesbooks/
https://shopee.tw/books5w
博客來網路書店、博客思網路書店
三民書局、金石堂書店
總 經 銷：聯合發行股份有限公司
電　　話：（02） 2917-8022　傳 真：（02） 2915-7212
劃撥戶名：蘭臺出版社　帳號：18995335
香港代理：香港聯合零售有限公司
電　　話：（852）2150-2100　傳真：（852）2356-0735
出版日期：2020年7月 初版
定　　價：新臺幣 350 元整（平裝）
ISBN：978-957-9267-65-6